地域ガバナンスシステム・シリーズ　No.3

三重県政策開発研修センター
平成16年度第6回トレンドセミナー記録

# 暮らしに根ざした心地良いまち

龍谷大学地域人材・公共政策開発システム
オープン・リサーチ・センター（LORC）

東京農工大学COE―新エネルギー・物質代謝と「生存科学」の構築

企画・編集

公人の友社

# もくじ

はしがき ……………………………… 白石　克孝（龍谷大学）… 4

あいさつ ……………………… 野呂　昭彦（三重県知事）… 7

## Ⅰ　ニセコ町における住民との協働による取り組み
……………………………… 逢坂　誠二（ニセコ町長）… 9
　はじめに ………………………………………………………… 9
　1　もしも役所がなかったら ……………………………… 10
　2　ニセコ町学習交流センター「あそぶっく」の誕生 … 12
　3　「あそぶっく」の活動から見えるもの ……………… 14
　4　株式会社ニセコ町観光協会の誕生 …………………… 16
　5　既成概念にとらわれないこと ………………………… 20
　6　地域づくりのためのプラットホームづくり ………… 21
　おわりに ………………………………………………………… 23

## Ⅱ　ＮＰＯと地域の連携による地域再生
　… 関原　剛（ＮＰＯ法人かみえちご山里ファン倶楽部専務理事）… 24
　はじめに ………………………………………………………… 24
　1　「かみえちご里ファン倶楽部」の活動 ……………… 25
　2　「かみえちご里ファン倶楽部」の社会的位置づけ … 28
　3　ＮＰＯと行政の守備範囲 ……………………………… 29
　4　地域振興のあり方とＮＰＯ …………………………… 31
　5　ＮＰＯが備えるべき中身 ……………………………… 32
　6　なぜ、ＮＰＯは誕生したのか ………………………… 33
　7　「協働幻想」 …………………………………………… 35
　8　価値の見直し …………………………………………… 37
　9　阻害と補助の両方をやってしまう「官」 …………… 38
　10　地域振興のやり方 ……………………………………… 39
　11　最後は人づくり ………………………………………… 42

## Ⅲ 『地元学』による地域の暮らしの紡ぎ直し
　　　　　　　　　　……………吉本　哲郎（地元学ネットワーク主宰）… 47
　はじめに …………………………………………………………… 47
　1　水俣病問題の解決と共存、水俣再生に関わって　………… 48
　2　水俣再生は「あるもの探し」から始まった。　…………… 51
　3　「村丸ごと生活博物館・頭石（かぐめいし）」の取り組み…… 55
　4　地域のすばらしい所がたくさん見えてきた！ …………… 58
　5　村に現れた効果 ……………………………………………… 60
　6　地元に学ぶ『地元学』のこと　……………………………… 62
　7　ばかん巣プロジェクトのこと　……………………………… 64
　おわりに …………………………………………………………… 67

## Ⅳ 制度的側面からみた地域再生の支援
　　　　　　　　　　　　　　白石　克孝（龍谷大学）… 68
　はじめに …………………………………………………………… 68
　1　地域再生政策とパートナーシップ　………………………… 69
　2　イギリスにおける包括補助金の経験　……………………… 71
　3　ブレア政権による地域再生予算の展開　…………………… 73
　4　地域戦略パートナーシップ ………………………………… 76

## Ⅴ 地域の技術システムとこころの再生
　　　　　　　～再生可能エネルギーの視点から～
　　　　　　　　　　………………堀尾　正靭（東京農工大学）… 80
　はじめに …………………………………………………………… 80
　1　社会的技術システム ………………………………………… 84
　2　これまでの社会的技術システムの前提が崩れつつある　… 85
　3　廃棄物の資源エネルギー利用・再生可能エネルギーの利用は
　　　　　　　　　　　　　　　　　　　どうなっているか … 87
　4　社会的技術システムの変革の担い手はどこに？　………… 90
　5　「技術現実主義」的アプローチとは ………………………… 94
　6　技術現実主義的な再生可能エネルギー論の試み ………… 95
　7　発想の転換を ………………………………………………… 102

## はしがき

　龍谷大学では、2003年度より参加型・協働型の政策形成や人材開発のシステムを研究することを目指して、「地域人材・公共政策開発システム・オープン・リサーチ・センター：ＬＯＲＣ（以下、龍谷大学ＬＯＲＣ）」を設置しました。これは文部科学省私立大学学術研究高度化推進事業のオープン・リサーチ・センター整備事業の一環として設けられたもので、国内外の自治体・ＮＰＯ・研究機関との連携の中で、参加型・協働型の公共政策システムの開発、地域公共政策を担う人材育成のための教育・研修システムの開発を目指して、社会に開かれたスタイルによる実践的な研究を進めています。

　東京農工大学では、2003年度より文部科学省ＣＯＥプログラムの一環として「新エネルギー・物質代謝と『生存科学』の構築（以下、東京農工大ＣＯＥ）」というテーマで、農学部・工学部融合の新たな「学辺」のスタイルを構築し、再生可能な新エネルギーを活用した地域再生事業の実現を目指した先端的研究を進めています。それは、大学と産業、そして地域の人々との協働の中から大学の役割を創出する新たな取り組みでもあります。

　現代社会は、科学技術の発展の上に構築された大量生産・大量消費・大量廃棄を常態とする「非持続型」の社会経済システムのもとで、人々の生活が営まれています。化石燃料をはじめとする有限の地球資源に基づく社会経済システムの限界が現われはじめている状況において、いかに資源循環型・持続型の社会経済システムに転換してゆくかが緊急の課題です。また経済成長の鈍化と人口減少は、経済のグローバル化とあわせて、地域社会にこれまでとも異なる暮しの豊かさ＝生活の質を探らなくてはならないという課題をつきつけています。

　こうした社会経済システムや地域社会の目標の転換を支えるためには、住

民やＮＰＯなどの多様な主体による参加型・協働型の政策形成と実施という地域政策のあり方が不可欠であり、また自治体にはそうした政策遂行にふさわしい仕組みと人材とが求められます。

東京農工大学ＣＯＥが目指す、循環型社会システムの構築、農工融合による生存科学の構築と、龍谷大学ＬＯＲＣが目指す、参加と協働に支えられる地域社会づくりと地域公共人材の育成とが、相互に結びついて研究と具体的事業を実施することができるならば、それぞれの研究組織にとって研究成果の一層の発展が期待できるだけでなく、現代社会につきつけられた経済社会システムの転換という課題にチャレンジすることができる、と私たちは考えました。そこで両研究組織は共同研究を進めつつ、具体的な社会実験事業を展開することで合意したのです。

他方で三重県では、2004年度より新しい総合計画をスタートさせ、「みえけん愛を育む、"しあわせ創造県"づくり」を目標に新たなチャレンジが始まりました。地域との協働による新たな資源循環型・持続型社会の社会経済システム構築に向けて、地域主権を促すための制度づくりに着手し、地域の課題を解決するための政策手法を探ろうとしています。三重県政策開発研修センターは東京農工大ＣＯＥと龍谷大学ＬＯＲＣとの共同事業を新たな展望を生み出す価値ある取り組みとして認識し、三重県と両大学との連携が発展するように働きかけ、こうして３者の共同事業が始まりました。

東京農工大ＣＯＥ、龍谷大学ＬＯＲＣ、三重県の３者による連携は、2004年度を「火を灯す」スタート年度と位置付けました。そして３者の共催、財団法人日本グラウンドワーク協会の後援によって、大学・市民・行政の協働プロジェクトとしてシンポジウムを開催することから事業を始めることとなりました。講師の招聘費用や準備などについても３者が分担しました。

こうした背景があって、2005年1月28日三重県庁講堂において、平成16年度第6回トレンドセミナーとして、シンポジウム『暮らしに根ざした心地良いまち』が開催される運びとなったのです。

本ブックレットは、同シンポジウムの記録として企画されたものですが、

紙幅の都合から、総合司会の澁澤栄東京農工大教授の発言、ならびに後半の総括セッション（コメンテーター：千賀裕太郎東京農工大教授、富野暉一郎龍谷大学法学部教授、司会：福井隆東京農工大客員教授）のパートの掲載を見合わさざるを得ませんでした。そのために5名の講演者の講演を相互に関連づける視点が弱まる結果になりましたが、講演内容を細かく伝えることを優先した編集方針をお許し願いたいと思います。

　また講演録の体裁をとっていますが、ブックレットとしての完成度を高めるために、それぞれ書き下ろしに近い形で加筆訂正がなされていることを記しておきます。

　本ブックレットは、地域とどのように向き合うことが必要なのか、地域が主体となるアプローチとはいかなるものか、それらを支えるための仕組みとして何が必要なのか、そして資源循環型・持続型の社会経済システムへの展望を地域からどうのように考えるのか等々、読者の皆さんに大いに刺激を与える内容となっていると自負しています。本ブックレットをきっかけにして、様々な地域の皆さんとの交流が始まることを期待しています。

　本ブックレットは文部科学省の助成事業である「私立大学学術研究高度化推進事業オープン・リサーチ・センター整備事業」「世界的研究教育拠点の形成のための重点的支援―21世紀ＣＯＥプログラム―」の研究成果として公刊されるものです。

　末筆になりましたが、本ブックレットの上梓にあたって、ＬＯＲＣの辻本乃理子氏、公人の友社の武内英晴氏には、取りまとめと編集で大変お世話になりました。ここに記して両氏に感謝の意を表するものです。

龍谷大学法学部教授　白石　克孝

# あいさつ

野呂　昭彦（三重県知事）

　地方分権が進展し、社会の状況が大きく変わりつつある中で、みんなが"しあわせ"を感じる社会を実現していくために、三重県では、平成16年4月から新しい総合計画「県民しあわせプラン」をスタートさせております。三重県というこの人生の舞台に対する愛着、誇りを強く持ちながら、幸せや夢がそれぞれの価値観に基づいて実現できる、そんな三重県を創っていこうと思います。

　実現していくための大きな柱として「新しい時代の公」を打ち出しているところです。これからの時代、さまざまな主体が、地域の課題に対応して考えていくことが何より必要なことです。一人ひとりができることに参加し、みんなで力を合わせて地域をより良くしていくことや、その実現に向けた活動を積極的に取り組んでいるところです。「新しい時代の公」の具体的な展開に向けての重要な視点は、多様な主体が参画することを前提にした仕組みや環境を整備することです。「新しい時代の公」に参画する多様な主体が、自らの役割を自覚し、お互いに連携・協働しながら、共通の地域課題や住民ニーズに対応していくために、話し合いのルール、役割分担の考え方、役割分担に応じた負担や責任の議論が必要になってきています。

　また、「県民しあわせプラン」では、ゆとりや生活の質といった「心の豊かさ」を大切にし、"しあわせ"を実感できる社会を築いていくことを打ち出しており、このため、地域の良さを認識し、人と人の絆を深めることができるよう、本県への愛着を育んでいける地域づくりを進めることとしています。

　この理念の背景には、20世紀を支配した経済成長優先の考え方、すなわち

競争原理や効率性を偏重する考え方を問い直すことにより、失われつつある地域社会の絆や生活様式といった文化の独自性、重要性を再認識し、大切にしようという考え方があります。
　文化のとらえ方は多様ですが、私は、文化を、伝統文化や芸術文化にとどまらず「生活の質を高めるための人々のさまざまな活動及びその成果」として幅広くとらえたうえで、文化の持つ多様な力（人間の持つ力、地域の持つ力、創造する力）を総合した「文化力」を高めていくことが、新たな地域社会を創造する原動力になると考えています。
　「文化力」政策の目的は、まちづくりや産業のあり方、さらに日々の暮らしにいたるまで、「文化力」を基軸として、判断、行動し、自立した地域における「心豊かな生活の場を作る」ことです。
　これを、三重県人の生きざまという観点からとらえますと、それは、個人のいろいろな価値観で文化が発現されてくるところから、個人の力、もてる力をどう高めていくのか、活用していくのかということになります。地域の観点から見ますと、固有の伝統文化であるとか、歴史的な遺産についても過去の生きざまが集約されていますから、地域の力として文化をとらえることも必要です。もう一つ大事なことは、文化はやはり未来に向かって創造するものを発信していかなければなりません。従ってそういう創造する文化、これをどう高めていくのかという課題があります。
　「文化力」政策は、この三つの力を高めるための多様な施策を総合的、継続的に取り組むことにより成果が表れると考えています。そのために県民の皆さんや県議会とも議論して「文化力指針」としてまとめ、文化をすべての政策のベースに置きたいと考えています。しかし、新しいことに取り組むことが目的なのではなく、目指すところは、感性をしっかり磨きながら、心からいい県だな、住んでよし、訪れてよしという三重県、地域づくりに心を注いでいくことです。
　県民の皆さんとともに、「文化力」を高め、「しあわせ創造県」を実現したいと思います。

# I

# ニセコ町における住民との協働による取り組み

逢坂　誠二（ニセコ町長）

## はじめに

　今日、このテーマに「心地良い」という言葉が入っています。これは非常に重要なことだと思います。私たちの社会、町、村、市、いろいろなところでいろいろな活動をしていますが、その活動のために私たちは何かをしているわけではありません。市役所のために何かをしているわけではありませんし、県庁のために何かをしているわけでもありません。最終的には私たち自身がいかにそこの地域で心地良く暮らすかということが非常に重要なポイントです。新しいことをやるために何かをしているのではなくて、最終的にはそこに暮らす人がどうであるかということのために、いろいろなことをやっていくわけですので、この心地良いという言葉は非常に重要であります。

　それから、もう1つが私に今日与えられたテーマに「協働」というキーワードが入っています。一緒に何かやるということでありますが、この「協働」というのも、最近ともすれば役所と市民の皆さんの「協働」というようなことに話がいきがちであります。そもそも「協働」というのは、役所と市

民の皆さんがどうするかではなくて、本来は市民の皆さん同士がどうするかということが「協働」の本質なのだろうと思います。

## 1　もしも役所がなかったら

　もし、仮に役所というものがこの世の中になかったとしたら、私たちの社会はどうなるのでしょう。まず、1つは役所がなければ法律というものはないかというと、それはちょっと違うと私は思います。仮に役所というものがなくても、それぞれ皆さんが「協働」で生きていくためには、何らかのルールや、何らかの仕組みというものはどうしても必要になります。法律と呼ぶかどうかは別にしても、あるいは文章に書いてあるかどうかは別にしても、そのルールというものは、きっと生まれるだろうと思います。

　それから、役所というものがなくても、みんながある一定の社会の中で生きていくためにはいろいろなことをしていかなければいけませんので、いわゆる役所的なる仕事というものは、相当存在するのだろうと思います。道路を管理するとか、用水をどうするとか、水を確保するとか、みんなが心地良く行き来できるようにするために道を歩くためのルールを作るとか、そういうことは多分相当あるのだろうと思います。

　しかし、役所がない中でそれらをやっていくことになると、自分の日常の活動や生活は相当制限されることになります。あるいはみんなが「協働」すべき仕事に対する専門性も必ずしも高くはなりません。どちらかというと、日常生活の一部としてそういうことをやるわけですので、片手間とはいわないけれども、生活の中の大半をそれらに占める人も中には出てくるかもしれません。そういう点でいうと、専門性も高まらないこともあって、ある種の限界も生まれるかもしれません。その限界を打破するために、専門家に任せて役所的になる仕事をやってもらうことが生じてきます。いずれにしても本来は、そもそも市民みずからがお互いにどうやって「協働」の社会をつくっていくのかということが、非常に重要なことなのです。今、ここ、10年、15

年あまりの日本の地域づくりを見てみますと、役所と市民との関係についていろいろと言及されることが多くなっていますが、それは本来の「協働」のことではないと私は思います。それが1つです。

それから、もう1つは、地域を考える上で重要になるのは情報の存在です。情報というのは、テレビやラジオから流れる情報ばかりではなく、民主主義や自治を考える上でそれぞれの市民が自立した責任ある行動をしていくためには、適正な情報がなければ責任ある行動も判断もできないという意味においての情報でありますが、その情報が非常に重要だということです。

しかも、その情報は、単に提供されていればよいというものではなく、地域づくりにおいては学習のプロセスも非常に重要なのです。

つまり、私が今日ここで皆さんにお話をすることを皆さんが全員同じように理解するとは限りません。ある方は私の話を私が意図するとおりに理解をしてくださるかもしれませんし、ある方は全くそれとは違う理解をするかもしれない。また、ある方は私が話す以上に深く、奥広くものを理解してくださる方もいるかもしれない。

いずれにしても情報は、一方的に出している限りにおいては、受け手の皆さんがどう認識するかはよくわからないという性格を持っています。

従いまして、情報のやりとりをしていく、キャッチボールをすることによる学習のプロセス、相互理解の過程がどうしても必要なのだろうと私は思っています。

そもそも役所がなければ、地域はどうあるべきだったのか。あるいは市民は、どんな行動をすべきものだったのかということをひとつ考えてみるという目線、それから、民主主義や自治を考える上で、情報の存在が不可欠であり、しかもその情報を一つの媒介としてコミュニケーション、学習をしていくということが非常に重要だということがニセコ町の地域をつくっていく上での考え方であります。

それではニセコ町の事例をお話ししたいと思います。

## 2　ニセコ町学習交流センター「あそぶっく」の誕生

　以前、ニセコ町には残念ながら図書館はございませんでした。小さな図書室のようなものが町民センターにございましたが、それは本当に小さなものです。小学校の教室ぐらいのサイズがあるかないかというような、一般家庭でもあのくらいなら本を持っている人がいるのではないかと思うような蔵書しかないような図書室でした。

　その図書室は、私が高校生のころなど利用しに行くと、管理のおじさんが鍵を開けてくれて「入っていいよ。15分たったら出るんだよ」と言われる。15分以上いるとおじさんがやってきて「君、いつまでも何をしているんだ。早く出たまえ。こんなところで悪いことをしてはいかんよ」と言われる。

　つまり、本がたくさんあって、そこでものを調べたりしようと思っても、なかなかさせてもらえないような図書室でした。ニセコ町では図書の活動は全然元気がなく、このような図書室での実状に対しても、地域の皆さんの中からはそんなに苦情もでなかったのです。

　ところが、15年ほど前でしょうか、ニセコは観光地でもありますので、町外からのお客様も結構いらっしゃるようになりました。それから、町の外からも移り住む方が結構いらっしゃいまして、それらのグループの中に非常に本に対して関心の高いお母さんたちの集まりがありました。そのお母さんたちはニセコ町のその図書室の実態を見て、これはちょっといかがなものかね、という思いを持っていらっしゃいました。しかし、地域の中で議会を動かしたり、役所にいろいろと陳情したりという勢力にはなり得ないお母さんたちでした。

　そこで、彼女たちはPTA活動の中で学校図書の整理をするとか、小さな子どもたちに絵本の読み聞かせをするという活動を始めました。それは本当に小さな活動ではあります。しかし、それを毎年、毎年少しずつやっていくうちに、学校図書の取り組みが、学校図書だけではなくて、町の小さな図書室

だってもっと本が整理されてもいいよねという取り組みになっていきました。徐々に広がりが出てきて、ニセコにも図書館がほしいねという動きに徐々になっていきました。

　これは別に役所に言われてやったというものでも何でもありません。ほんの5名とか6名とかのグループでありますが、地域に住んでいる皆さんが自ら動き出した自発的な活動であります。

　そうこうしているうちに10年前に、そのお母さんたちの声が私の耳に届きました。「本当はニセコにも図書館がほしいけれども、ニセコの財政の状況では無理だよね、町長さん。」という話でした。私も「そうだね、今のニセコの財政状況では、どう考えても図書館は無理だね。もう1つ、一方に、町民全体の声としても図書なんてものは買って読むものであって、借りて読むものではないという雰囲気がずいぶんある。こんな中では新たにニセコに図書館を造るのは、ちょっと現状では厳しいかもしれないね」というような話でした。

　しかしながら、お母さんたちは、いつかはやはり図書館がほしいということで、絵本の読み聞かせだとか、あるいは北海道立の図書館から本を借りてきて、皆さんにその本をまた渡すというようなボランティアの活動をねばり強く続けていきました。

　そうして何年かが過ぎたときに、地元にあったニセコの小さな郵便局が移転新築することになりました。しかもその小さな郵便局の建物はそんなに古いわけでもない。新築してから30年ぐらいはたっていましたが、使おうと思えば使える。そこが空き家になる。お母さんたちはそこに目をつけました。

　これはもしかすると、私たちが望んでいる図書館になるのではないかということです。そこでいろいろと活動が始まる。図書室にできないだろうかということです。一から新規のものを造るとなると、何億円もお金がかかってしまいますが、既存の建物の使い回しならそんなにお金がかからないし、ハードルも低いだろう。多分、図書に対してあまり認識のない町民の皆さんも、了解してくれるのではないかと、お母さんたちは思い始めました。そこ

からまた議論がスタートし、2年間町民と行政が一体となった検討委員会で案を練り、その結果この郵便局舎を改築・増築して小さな図書館ができることになりました。

実際には図書館と呼ぶにはあまりにも小さすぎるものではありますが、かつての状況から見ると全くそれは大きな進歩です。

ところが、今度は、誰が管理運営するんだという話になります。役所の職員を新たに配置する力はない。あるいは仮に配置をしたとしても図書に詳しい職員なんていない。図書に詳しくない職員が配置されて、そこで理想の図書館運営なんてできるはずがない。さあ、どうしようかということになる。

そこで、最終的にはお母さんたちが自分たちで図書を考えるための会「あそぶっくの会」を作って、その会がその図書館の管理運営そのものを町から委託を受けて実施していくということになりました。2003年4月4日に開館して今年で3年目を迎えます。「あそぶっくの会」は、有償と無償ボランティア約60人の会です。会員の9割が町外から来られた方です。

### 3　「あそぶっく」の活動から見えるもの

結局、私は何を言いたいかと申しますと、いわゆる今日のテーマの一つであります「協働」という話です。

役所が何かをもちかけてみんなとパートナーシップを組んで「協働」していくということも一つの今の動きでありますが、そうではないということです。市民みずからが地域の中に課題を見つけて、それを自分たちがここにある「心地良い」という感覚を実現するために作り上げていく。悩んで、作業をして作り上げていく。そのことそのもの、それが地域の中で非常に重要だということです。

最初から行政が図書館を作りましょうとか、図書館を考えるお母さんの会を組織しましょうとやったものでございません。役所の課題の中でいうと全くゼロだった、芽はなかったものが市民みずからの活動によって地域の新た

な課題や光として育ち上がっていくプロセス、これがまず非常に重要なポイントだということです。

　「あそぶっく」の活動の2つ目のポイントは、既存ストックの活用です。公共施設に関して、今、ニセコ町ではリニューアルに相当力を入れています。

　この「あそぶっく」もそうですが、すべてを新築するのは、これまでのどちらかといえば、補助金を中心とする公共建築のあり方でした。ところが古い建物をどうやって永く使うかということが、これからの日本においては非常に重要なポイントになると思っています。既存ストックをいかに永く使っていくかということです。この考え方は別に図書館だけではなく、学校、公営住宅、これらについてもニセコ町ではリニューアルをやっています。特に公営住宅については、ブロック造りの住宅のリニューアルは、基本的に国ではあまり認めてはおりませんでした。しかし、本年からは国の財政のきびしさということもあって、やっとそのようなリニューアルにも目が向くようになりました。

　地域の実態をしっかり話すことは、心地良いまちをつくりたい、自分たちが少しでも思うとおりの地域での暮らしをしたいと思ったときに、非常に重要なことです。そして、何でもかんでも1から10まで新規のものを準備してやっていくということは、これからの社会ではなかなか簡単ではありません。

　「あそぶっく」での3つ目のポイントは、いわゆる公共といわれるようなものの管理運営であっても、そこに役所が全くかかわらずに、本などの専門性の高い分野だから実現するのかもしれませんが、市民の皆さんみずからが地域の図書館の管理運営をやっていくことができることです。

　これは、これからの地域を考えていく上で非常に重要なポイントだと思います。最初から役所が準備をして何か「協働」だということも重要ですが、何にもないところから市民の皆さんがみずから課題を見つけ、そして新たなものを作り上げていくという意味では真の「協働」というものが、これからの社会の中では非常に重要になるのではないかと私は思っています。

　ニセコ町の住民は、何でも町に頼めばやってくれるわけではないということ

とをわかってくれるようになりました。それはできないということを情報公開で住民に知らせ、自分でやれることを一所懸命やってくださいと行政側がお願いしているからだとも思います。このような方法では時間はかかりますが、結果的には町も住民も元気になっていくのだと思います。

　この「あそぶっく」は開館して今年で3年目になりますが、最初は地元の皆さんも「あんなもの造って、またずいぶんお金のかかることを始めたね」とか、図書の購入費も年間百万円もかかりますので、「新規の行政支出が増えているんだね」というようなことで批判的な見方をしていました。しかし最近は、徐々にそういう声も薄れてまいりました。

　要するに、本や読み聞かせをする、子どもが集うとか、子ども以外に高齢者もそこに集まれる。新聞だって役所の行政情報だってそこに行けばいろいろとわかるということが、徐々に浸透するようになってくると、ここの図書館で小学生時代を過ごした子どもが成人するころにニセコの町が変わるのではないかと思い始める人が、数は少ないのですが徐々に出てくるようになりました。

　ですから、地域をつくるということは、直接的な利益をすぐ追うことも大事ではありますが、少し長い戦略の中でものをやっていくことも大事なのかなと思っています。

## 4　株式会社ニセコ町観光協会の誕生

　ニセコ町は、スキーや夏の登山やゴルフなどを中心にしてだけで年間150万人ぐらい、そして、もう少しニセコ町だけではなく、ニセコ連峰全体を包含するような広いエリアでは、年間340万〜350万人のお客さんが訪れる観光地です。特にここ数年はオーストラリアの観光客が非常に多く、特に今の時期はパウダースノーを求めてたくさんの外国人観光客がやってきます。

　ニセコの雪は文字通り本当の粉雪です。30センチ積もった雪に息を吹きかけると、あたかもほこりが舞うように雪がふわっと舞う、そんな粉雪です。

子どものころから、ニセコのその粉雪が本当の雪なんだというふうに思っていたのですが、どうも最近外国人の方がたくさん来て話を聞いてみると、世界の中でもニセコの雪は、とりわけ質が高いんだということが最近わかるようになり、「そうか、私たちはなかなか恵まれた自然のところにいるんだな」ということを実感しています。

　ここに観光協会がございます、というかございました。当然全国の観光協会がそうですが、行政の補助金によって運営されているところが大半です。地域によっては観光事業者の皆さんが、相当多額の観光協会費を払って自主運営をしている、あるいは自前の事業をやっているところもあります。しかし、全国の観光協会のほとんど多くが、行政の補助金に頼ってやっています。それから事務局は役所の中にあるか、商工会議所などの半公的な経済団体のところにあるのが実態です。ですから、観光協会とあたかも民間のような名前がついてはいますが、その実態はほとんど公的な団体といえるかと思います。

　この観光協会ですが、皆さんから公平にお金をもらってしかも税金で運営するという公的な性格を帯びているが故に、実は本当の意味での観光事業者の皆さんが望むようなＰＲができないのです。これは、観光協会のある種の宿命ではないかと思います。

　それから、もう１つはポスターやパンフレットを作るとか、イベントをやるということを観光協会でやるのですが、「やること」に重きがあって、やった結果どうなっているのだというところにはあまり力が入っていないのが、これまでの実態だったのではないか。

　要するに、これをやりました、あれもやりました、イベントも打っています、プロモーションもやりました。だから、観光協会は仕事をしていますということですが、その結果何人来ました、いくらもうかりました、誰それの方がこれほど満足をしました、ということにまでは、つながっていっていないのではないかと思います。

　そんな観光協会がニセコ町にもございまして、数年前に観光事業者の中か

ら官依存型の観光協会から脱却したいという話が出てまいりました。

「官依存の観光協会から何とか脱却するんだ」「よし、わかった。では、今まで役所に事務局があったのをやめましょう。みんないいですか」「それはいいよ。もっと別の事務局体制になる必要がある」「では、その次に事務局が役所ではなくなったけれども、お金はどうしますか。仮に事務局が役所でなくなっても自前の収益というものがなければ、やっぱり依存型で、形だけは役所から離れたけれども、その内実はやはり役所に牛耳られるということになりますよね。では、収益はどうしますか」といろいろと考える。

全国をいろいろと調べてみたら、「駐車場をやっているとか、コインロッカーの経営をしているとか、旅館から駅までの荷物の託送をやる、お土産品を売るなどによって収益を上げている観光協会もある。そういうことをニセコ町でもやったらどうか」「よし、それも１つやろう」「だけれども、抜本的な収益の確保にはつながらない。それではどうしようか」「農産物の販売をやってみたらどうか」とか、「建物の維持管理をやってみたらどうか」という話もずいぶん広がってきた。

ところが、だんだん議論していくと、「ちょっと、待てよ。収益を確保することは非常に良いことだけれども、観光と全く違う仕事に手を染めて、単に収益だけを上げさえすればいい組織が観光協会だというのも本末転倒だ。だから、やはりなるべく観光に近い業務の中で収益が上がることがなければ、観光協会として収益を上げる意味がないだろう」という議論になります。

それで、いろいろと考えた末に、自分たちの観光のＰＲもして、さらに、それがお金につながる仕事があるはずだ。

よく考えてみたら、旅行業、それをやることが実はニセコの観光のＰＲにもなる。チケットも売れるし、自分たちの観光資源も販売できるし、あるいはニセコ町内の皆さんが外に旅行に行くことをアレンジする仕事、そういうことも総合的にできることが、実はＰＲにもなるし収益になることではないのかという結論になりまして、最終的に旅行業をやろうとなったのです。

旅行業をやるためには株式会社にして、旅行取引主任者資格のある人を観

光協会に雇おう。これは、非常に理にかなっているのではないかという結論になりました。

そこで、2003年の春に株式を募集し、町民から1,000万円、町からも公的な性格もあるということで1,000万円を出資して、いわゆる世間的にいうと非常に聞こえの悪い第三セクターですが、2003年9月1日に株式会社の観光協会がスタートしました。

当初、これについてずいぶん議論がありました。そもそも観光のＰＲとか観光の受け入れは、行政が行政の仕事としてやるべきものではないのかとのことです。それを株式会社という組織にすることで、本当に公共性とかある種の公平性は保てるのかという話がありました。しかし、とにかくやってみようということであります。

それから、行政の側に事情がありました。観光協会にニセコ町としてピーク時で、1,900万円ほど補助金だとか委託料を出していました。ところがその1,900万円の補助金や委託料はこれから財政の状況を考えるとどんどん圧縮をせざるを得ないのです。以前の観光協会のままの姿だと補助金や委託費を圧縮していくと、観光協会としての活動量が小さくなります。パンフレットの数を減らさなければいけないとか、ＰＲの回数を減らさなければいけないとか、海外プロモーションは行けなくなるということになるのです。

では、どうすればいいのかということで、行政もジレンマに陥っていました。だから、とにかく活動量を広げつつ役所から出すお金を減らすという道も模索したいという思いもありました。

そこで、いろんな課題はあるけれども、とにかく株式会社でやってみようということになって、今動き出しています。その結果、役所から出すお金が平成17年度予算ベースで1,200万円ぐらいにまで減っています。従業員の数も前は2名程度だったものが今は11名程度に広がって、活動の幅が増えています。

## 5　既成概念にとらわれないこと

　中身についてはいろいろとあるのですが、結論的に言いたいことは、従来は何でもかんでも行政がやるべきだと頭ごなしに思っていた仕事であっても、その目的や内容を柔軟に見直す、あるいは真の目的とはいかなるものかということをきちんと考えてみることによって、実は何も役所が専管的にやっている必要のないものがたくさんあるということです。

　観光協会の仕事が全くの民間ベースになったということで、今度はそれを戦略的に利用する宿の方が増えてまいりました。今までは、個別の宿が、良い観光プランを作っても、従来の公共性の強い観光協会ではそのことだけを前面に出して売ってはくれません。ところが、今度の株式会社の観光協会では、そういう特色のあるものについては特に強く売り込むことができ、頑張ってやる人にとってはどんどんプラスの方向で事業が転がっていけるような仕組みになっていきます。

　いずれにしましても、行政の仕事は、本来なぜ役所がやっているんだ、ということをよく考え直すことが、これから非常に重要なのかなと思っています。

　観光協会の例は、「協働」とは全く逆の考え方であります。本来、事業者みずからがやらなければいけなかったものを、「協働」とは全く離れたところで役所に押しつけていたというのでしょうか。役所だってある一定の義務があって、観光に力を入れなければいけない。だから、役所だって観光部門を持っていて、それをやるのが役所として当たり前のことです。

　いろいろと質問をされると、「そうです。役所も観光にも力を入れています。農業にも力を入れています。工業にも力を入れています。福祉にも力を入れています」というような単にいい訳のようなことのために、観光部門というものがもしあったとするならば、それはよくないことだと思っています。役所の仕事を本来のあるべき姿の観点から柔軟に見直すというのも、これから非常に私は重要なポイントかなと思っていますところです。

最近、とにかく形にこだわるというのか、行政改革とかニューパブリックマネジメントとか、何かそういうことをすることが非常に重要であると思われがちでありますが、それは目的ではありません。本来、私たちがどんな社会でどんな暮らしをしたいのかということを前提にして、ものを考えていけば、おのずとその進むべき道が見えてくるのだと私は思っています。

## 6　地域づくりのためのプラットホームづくり

　ニセコ町の地域づくりの大きな理念は「情報共有」と「住民参加」ということです。私は町長に就任以来とにかく「情報共有」なんだ、「住民参加」なんだ、「議論」なんだ、考えるんだということをやってまいりましたら、多くの方から「そんな理念的なことばかり言って、町長、飯の種にならない。お前は本当に学者みたいなやつで使えないやつだな」とずいぶん怒られました。また、当時の職員には「情報共有」の意味がわからない状況でした。
　しかし、私はその「情報共有」だとか「市民参加」だとか「議論」をするというその素地をつくることが、地域をつくっていく、プラットホームをつくることだと思っています。そのプラットホーム、基礎のないところにどんなに具体的な政策を打ったとしてもそれは一過性で終わってしまう可能性があるのではないか。だから、プラットホームをきちんとつくった上で具体的な政策をやることによって、その次へとつながっていけると。また、それが自立的に成長していけると思っています。
　住民と共同で考えるべきことは白紙から積み上げるというのがニセコ町の基本的手法です。
　私は、「情報共有」や「住民参加」だとか「議論」をするという、その素地をつくるために、まず職員の意識改革と職員研修に取り組みました。
　以前は役場と町民は対立関係にありました。役場の職員は住民の意見を聞きたがらない体質でしたし、住民との接触を嫌がっていました。隠していけるものは隠した方が無難だという意識を職員が長い間持っていました。それ

が住民と一緒になってまちづくりをしようとなると、住民の方の言っていることがわからないといけませんし、職員自身、自分の思いをきちんと伝える、行政課題をみなさんにお伝えできる能力が最低限必要になります。私は、交流ということを重視しながら職員研修に力を入れています。

そういうことで手始めにやったのが、まちづくり町民講座です。月1回のペースで実施しています。下水道、財政、介護保険、教育など役所の課ごとの仕事をテーマにして月1回行っています。出席者は5人の時もあれば100人の時もあり、すでに70回以上実施しています。基本的に課長が1時間プレゼンテーションをして、その後1時間町民とディスカッションします。これは、人材育成にもなっています。町民に自分のやっている仕事がきちんと説明できるかのプレゼンテーション能力が問われ、勉強の機会になっています。

現在、ニセコ町の職員研修で基礎研修は当たり前になり、そのほか自治大学や市町村アカデミー派遣や、地域活性化センター研修などいろんなところに行っています。NPOの研修や民間の人たちと同じ教室で研修を受けるメニューも持っており、北海道町村会が受け皿となり北海道大学への派遣も行いました。現在は少し減りましたが、私が町長就任直後は、ニセコ町では職員研修に1人年間約15万円くらい使っていました。

交流重視の職員研修で町がどのように変化したかと申しますと、以前は町民が何か言っても職員は聞き入れてくれなかったし、聞いてもらえるようなそういう雰囲気・状況ではなかった。町民の方も要求、陳情的な話が普通だった。それが今は、建設的な意味で、町のあの部分はこうするべきではないかというようになってきたし、それが言いやすくなった。職員も聞いてくれる状況になってきたとおっしゃる方がいます。また、役場に行きやすくなった。だから私も何かやってみようかという気になり、住民と行政の間隔がすごく狭くなったと思うとおっしゃる方もいらっしゃいます。

職員の方は、月1回開催している町民講座などの研修を積み重ね、住民と対話する機会が多くなったことで仕事に対する自信を持ってきているようです。情報を公開していけばいくほど、いろんな意見が出てきますが、逆に町

民が味方になってくれる、ということを感じるという声が出てきました。

　このように、町民と役場の情報のキャッチボールができるようになり、ニセコ町もかなり変わってきました。その「情報共有」や「市民参加」や「議論」をするというその素地をつくるためにまず取り組んだ職員の意識改革と職員研修が、地域づくりのためのプラットホームづくりの第一段階だったと思っています。

　おわりに

　私のことを、こんなふうに言う方がいます。これは私にとっては半分光栄だなと思いつつ、半分は嫌だなと思う気持ちですが、改革派町長とかアイデア町長というのです。

　これは私に対する褒め言葉なんだなと思うと同時に、半分ぐらいは全然違うと思っています。それは自分自身では改革をしているとか、新しいことをしているという気持ちは全くございません。地域でどういう生活をどう実現するのだというようなこと、あるいは民主主義とは何だとか、自治はいかなるものかを考えてみれば、おのずと出てくることを淡々とやっているに過ぎないのです。それをもし、改革やアイデアだというとするならば、日本の自治や民主主義は、まだまだ黎明（れいめい）期なのだと私自身は思っています。

# Ⅱ

# NPOと地域の連携による地域再生

関原　剛
（NPO法人かみえちご山里ファン倶楽部専務理事）


　　はじめに

　「NPO法人かみえちご山里ファン倶楽部」がある上越市は新潟県の南西部に位置し、人口が約20万人の地方都市です。長い海岸線と屏風のような頚城連峰「2400メートル級山塊」から構成される地域で、この山塊と対馬海流によって、大変な豪雪地となっています。長野県境の妙高高原から日本海に流れる関川流域に展開する頚城平野には、広大な稲作地帯が広がっています。頚城「久比岐」という名は和名抄にも記される古い名前です。
　また、戦国時代には市の西部山間地に春日山城が築かれ、武将、上杉謙信が居城としていました。越後は、京都に近いほうから上「かみ」中「なか」下「しも」と区分され、上越という名前は、この「かみえちご」から来ています。わたしたちのNPO法人「かみえちご山里ファン倶楽部」の名称もここからきています。

## 1 「かみえちご里ファン倶楽部」の活動

　私たちのNPO法人は、過疎や離農など様々な問題だらけで困っている中山間地の振興を目的として平成13年に設立されました。

　上越市は平成の大合併で全国でも一番多い14市町村の合併を行ったところですが、過疎地の指定も受けている面白い自治体です。20万人都市にもかかわらず、過疎債が発行できます。合併後の市の面積の実に55％は中山間地で過疎だらけなのです。

　わたしたちのNPOのフィールドである桑取谷は、このような上越地域の中山間地のひとつです。しかし他の地域と大きく違うのは、独立した谷筋で、海岸から始まる谷であり、海の文化と山の文化を双方併せ持った地域である点です。中山間地を何とかしなければということで設立されたNPOですが、ローカルNPOとしては専業有償スタッフが9名、年間予算が約4300万円という、予算規模スタッフ数共に大きい珍しいNPOです。

　わたしたちのNPOは、①地域活動の支援、②地域資源の活用による自主事業の創出、③仕事おこし、また行政との協働という飯の種を作りましょうということで、④受託事業の実施、などがその主たる業務です。要するに、中山間地で起こる問題は全部やりましょうというNPOです。

　スタッフ9名のうち、地元出身者は1人で、あとの8人は、九州から北海道までバラバラの地域からインターネットを頼りに応募してきた、21歳から32歳までの若者です。スタッフがほとんど他地域からの若者というのも、わたしたちのNPOの特徴でしょう。現在、会員は200人から250名人ぐらいで、これも地域の人が主力ですが、3割ぐらい地域外、県外の会員がいるという面白いNPOです。

　いくつか活動事例を報告したいと思います。私どもは①地域活動支援、②自主事業、③仕事おこしの3つの活動をしております。

　(1)　地域活動支援としては、大変数多くのものがありますので、一例を紹

介しますと、①春近く、雪が締まったときに木を切り出して、大きな木製ソリで搬出する「大持ち引き」技能の修得。②牛で田んぼをひっかいて「田起し」をする「牛の田かき」技能の復元・記録。③40年間途絶えていた、火と煙で害虫や疫神を祓う行事「虫追い川舟」の復活。④「トヤ峰砦狼煙上げ」上杉謙信の山城と支城群での狼煙（のろし）リレーの復元など、かつてあって今絶えているものや消滅しつつあるものの記録・復元です。

　(2)　自主事業としては、①昔ながらの「盆踊り」、②豊作を願って行う「馬行事」、③さまざまな無形の民俗文化、④「里の結婚式」、⑤「茅葺き民家」の復元、⑥水車の古典的な制作技術の再生など、あらゆることがNPO事業の対象です。

　この地域の幸運は、有名なものがないかわりに、普通のどこにでもある日本の「ムラ」の構成要素が「まんべんなく」残っていることです。観光客が来るような場所ではありません。しかし、人を魅了する「ムラ」文化の基層がしっかり残っていた地域です。

　(3)　仕事おこしの取り組みとしては、①農業の再生があります。「農業研修制度」を開始し、「地域産品の商品化」も計画されています。その商品化も「田舎イメージ」で売るのではなく、米なら米の的確で正確な情報を消費者につたえようというNPOならではのやり方です。

　地域産品振興とは、「地産エゴ」を押し売るのではなく、それを購買してくれる消費者保護が基本。それは、信頼性の高い情報の開示に尽きます。米の採れた場所、地形、流れ込む水の成分、水の経路、その水が湧く森林の植生、機械乾燥か天日干しか、作った百姓は誰か、最低限使った農薬は何か、なぜその農薬を使ったかの説明です。

「観光の産業化」

　観光で飯を食えるようにしましょうということで、「体験学習」の学校があります。1つは「農業体験」で、具体的には、じゃがいも作付け、苺狩り・苺大福づくり、夏野菜パーティー、そば打ち、などです。

　2つ目は「伝統建築技術」の学校です。「古民家再生」や「家づくり」は、

だんだんムラの古民家が消えていますので、事業としては、なかなか評判がいいものです。すでに1棟修復が終わり公共施設として使っています。現在、次の一軒が、ダッシュ村みたいに構造、内外装、茅葺きなどから改修が行なわれています。全部やっています。これも信じられないんですが、熱心なファンがいまして、街から山へ通うボランティアに毎週寒いのに20人ぐらい来て家1軒を営繕してます。

できた暁にはNPOの施設として、谷に来られた方の宿泊所にしたり、公共的な施設に使って行こうと思ってます。この家が終わったら次の家というように営繕を進めて行きます。そうすることで素人のボランティア達が「熟練」してゆくのです。

このような古民家は、通常、人が住まなくなって売りに出されます。土地300坪で築150年ぐらいの民家が100万円ぐらいです。しかし、それは住むためではなく、東京の古材商が買い取って、バラして部材だけを使うために買われるのです。このような「資源」の流失を食い止める意味でも、技術を絶やさない意味でも、古民家は良い教材となります。

「伝統技能の産業化」としての「観光の産業化」は他にもあります。

a)市からの受託事業である「市民の森」エリアでの白炭窯の復元と炭焼きの定期実施。b)牛による田かき、c)上げ浜式塩田で塩を作る体験事業、d)昔ながらの塩辛い鮭の塩引き作りもやり始めました。以前は孵化放流のため採卵だけして、卵を捕った残りの鮭はお金を払って捨てていたのです。今は冷風乾燥機などが入り、食品化の率が向上し始めました。しかし、まだまだ課題は沢山あります。

**「環境教育の産業化」**

農林水産業や森、山、川、海もありますので、「農業学校」、地域材を原料とした「木工職人学校」、地域の里山文化「生存技術学校」、などさまざまな学習拠点を作ろうということで活動しています。

これで面白いのは、ムリにやらせているのはひとつもございません。NPOの中にプロジェクトチームがたくさんありまして、チームリーダーはほとん

ど地元の方です。NPOは、こうしたいという要望に従ってやっていまして、うちのNPOは基本的には、自発的事業のフォローアップが基本です。

地元の人もやる気でやってもらわない限り困る、というより出来ないのです。

## 2 「かみえちご山里ファン倶楽部」の社会的位置づけ

その他に、市との協働による事業受託として、「地球環境学校」と「上越市くわどり市民の森」という水源森林公園の企画運営を行っています。

ただ、受託といっても、企画、運営、立案、施設管理など、全部ですので、市はお金を出して、総体的なチェックをするだけです。その方が双方やり易いのです。その意味でこのような委託の実施は、市の「英断」といえます。

地勢的な特徴としては、川、海、奥山、里、全部そろっています。今後は、隣接する中山間地との有機的な連携を計画しています。

広域合併をしても、やはり過疎が増えるものですから、今後、そちらをどうするかが問題です。それから隣接している都市部が大体20万人都市なので、そことどういう関係をつくるかということも同じく重要です。

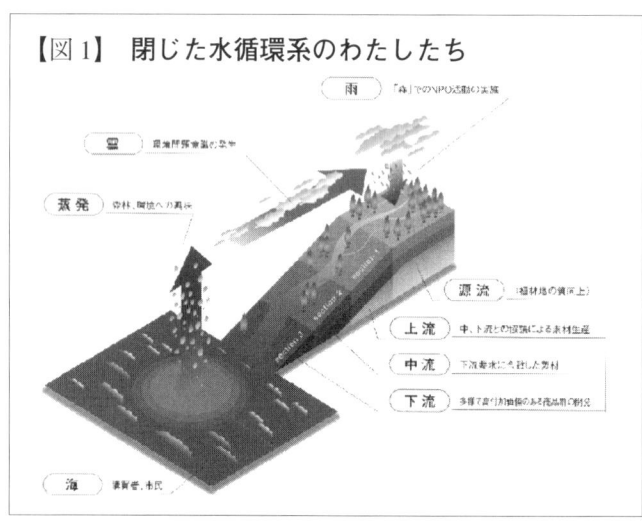

【図1】 閉じた水循環系のわたしたち

実は、私は他に、森林NPOによる「木材産地認証」の活動もやっていまして、それが軸になって、森林産業の異業種協同組合を設立しました。そのときの水循環系の図に、わたしたちＮＰＯの活動を重ね合わ

せてみました。

　「森林産業の連携」も、「中山間地の産業化」も実態はよく似ています。要は、ある仮定された「閉じた水循環系」を考えて、資源としてのムラのさまざまな素材森林や中間の人的技術が加わった製品が、市民や購買者に届いた場合、製品が中山間地域の公正な地域資源情報を持ち合わせていれば、NPOが関与することにより、必ず市民が興味をもつだろうということです。そして、興味が問題意識に変わり、やがては、NPO活動として行動に変わるだろうということです。

　購買が止まりではなく、蒸発、雲、降雨のように、市民意識が製品の原料が取れた「場所」へと還流して、また再循環する仕組みが必要です。

　図1は、市民の心理と水循環と産業循環を表している絵です。早い話がこれをつくっていきたいということでやっているNPOです。

## 3　ＮＰＯと行政の守備範囲

### ＮＰＯの３つの活動形態

　これからのお話しが今日の本題です。これらは、実際起こった中から我々が体感したことです。そのような生のデータでの問題把握が、同じような問題を抱えるNPOにとって、実はお役に立つだろうということです。

　また、これは官・行政の側からではなく対極の側から見た状態です。今申し上げたような活動をする中で見えてきたことです。

　これは何か答えを誘導するものや、示唆するものではありません。むしろ、それが現実という重さを持つことをご理解ください。

　NPOは大きく分けて3つ活動形態があります。それは、「点のNPO」、「線のNPO」そして「面のNPO」です。

　まず「点のNPO」ですが、「浜でみんなでごみを拾いましょう。何月何日集合」。ピンポイントの活動です。これが「点のNPO」です。

　次に「線のNPO」。例えば森林ボランティア。同じ業務をずっと継続しな

がら、ある特定の分野の中でやっていくものです。福祉なら福祉、介護なら介護です。

最後が「面のNPO」。その地域で起こるすべての問題が活動対象となるNPOです。我々みたいな中山間地NPOはこの「面のNPO」です。ですから、特定のミッションはありません。そこの地域が総合的に栄えたらいいということです。しかも、正しく栄えてほしい。公害を引き起こすような会社を誘致して栄えたというのは、栄えたとはいいません。

ですから、「面のNPO」は、少子化の問題、痴呆老人の問題、道路、林道の山崩れ、減反、棚田の耕作放棄の増加対策など、地域のすべての問題が活動対象となり、動きます。

しかし、NPOは何んでも解決する秘密兵器ではありません。解決するためにものを考える中間媒体がNPOだと思ってもらえればいいのです。

### ＮＰＯの活動範囲

NPOの活動範囲について大変誤解している人がいます。

一本の線があったとして、行政は線の右端になるとしましょう。企業が左端です。公益機能と受益機能という分け方をします。

これにNPOがどうかかわるかというと、右端近くから左端近くまで全部NPOの存在が可能です。行政に近いものから民間企業で金儲けするのに近いものまで、NPOは幅広いのです。仮定しかできないんですが、行政の方が純白で企業の方が純黒としましょう。このように仮定したときに、間にあるグレーゾーンは全部NPOの守備範囲です。

ですから、NPOというのは有償事業をしてはいけない、というのもおかしいですし、自分で稼ぐ自主財源を作れなければNPOはやってはいけない、と言うのもおかしいことになります。

NPOは、多様です。問題は「使命」の明示と、その「使命」がパブリックに寄与するか、ということです。これをまず理解していただきたい。

## 4　地域振興のあり方とNPO

　地域振興のあり方についてですが、行政所轄のセクト主義はもう通用しないという実感があります。
　現状は、例えば、農林水産課だけ、環境課だけで何かやる。しかし、こういうことは、もう機能しない。
　セクト縦割りで分断してやる体質はいまさらどうにもなりませんが。諦めて止まっていては、中山間地振興はありません。地域資源のモノと人と技術・技能を活用するためには恐らく、それらが一体になって動く総合力が不可欠です。
　付加価値のある単品で売れるものは、我々の谷には存在しません。「棚田天水田」、「天日干しのコシヒカリ」がいくら旨いからって、値段を高くするには限度がありますし、収量にも限りがあります。米のみではなく、森も水も人も総合力となって見せることにより、はじめて米が売れるのです。セクトに分断されたバラバラの施策は、むしろ資源が持つ「背景の価値」を剥奪します。
　行政は腑分け的な、あるいは法医学的な発想・対応からの脱却が必要です。心臓に詳しい、腎臓に詳しいだけでは、その臓器で生きている人間が分からないのです。行政セクト主義の弊害はこの喩えにつきます。
　また、産業で言えば、従来の「大量生産」「大量出荷」「均一性」では、中山間振興は無理です。
　たとえば林業でいえば、尾鷲林業とかの優良林地なら別ですが、普通の田舎林業では大量生産、大量出荷が、既に不可能になっています。ですから、このような地域では、「多様性と亜種」としての価値が打ち出されなくてはなりません。そのような付加価値性を付与しなければ、地域性とは無縁のマスプロダクションの低価格戦略に対抗する術がない時代だろうと思います。
　これを図2で表現しますと、車輪状の円周上に、いろいろなセクション円

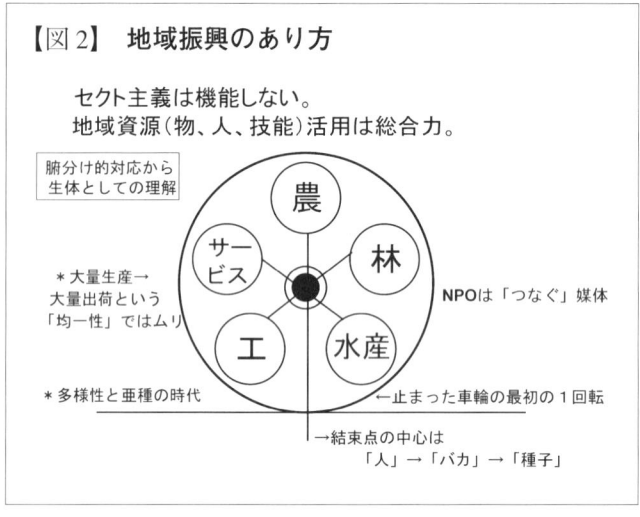

があってバラバラに存在しています。

その円とは「農林水産」とか「環境」とか「教育」、あるいは「自治会」とか中山間地に関わる「所轄」や「機能」です。そして、真ん中に車軸があるのですが、NPOはこの車輪の軸の役目を担っているのだろうと思います。

「車輪を動かすための秘密兵器や魔法のような手段はありますか」と聞かれますが、ありません。少数の誰かが最初に止まっている車輪を動かすのです。そして、そんな誰もやりたくないことをやるのはバカしかいない。バカじゃない人たちが、車輪が動いたのを見て、「あ、動くんだ。じゃ俺もやろうかな」と考え活動に参加し出して、車輪がようやく恒常的に動き始めるのです。バカは少数ですがどこにでもいます。

## 5　NPOが備えるべき中身

この様なNPOが備えるべき中身とは以下の5つです。

実際にNPOとして活動していく上で、①そのミッションが現実に照らし合わせ、実施可能であり、②理論的な整合性があり、③情熱はあるが情緒的でない。理想は理想として達成のための段階的な措置を提示する必要があります。つまり、その使命が、「善意のゴリ押し」や、えらく独善的な意思に凝り固まった使命になってはいないかということです。そうでないと、「善意

というエゴ」の罠にはまります。すごくエゴイスティックなものになってしまいます。なまじ良いことをやっているという気がありますから、間違えると大変なことになります。「地獄への道は善意という石が敷き詰められている」、という世界ですから。

このようなことをキチンとしている事が大切です。このことをキチンとやって、その上で行政との協働において齟齬があり、NPOが行政に干されたとしても、それはそれでいいと思います。むしろこのような時こそ、行政の奇形な構造を正す好機でしょう。

また、組織を営々と続けることに意味があるのではありませんが、④組織がしっかりしていて、⑤マネジメント力があること。これも重要です。

そしてそこに関わったムラの人々、そこで働きそこから学んだ若者は、必ずそのNPOの「考え方」というDNAを持っていきます。何が何でもしがみついてこのNPOを最後までということではないのです。むしろ、そういうDNAを伝播できるようなNPOの方が、よいNPOだと私は思っています。

さらに大切なのは、理論は整然とした上で、心理も情も把握されているということが重要です。心は「なにわ節」というやつです。

NPOも同じです。ところが「理」にかなう話だけはたくさんされるのですが、「情け」にかなっているかという話はなされません。しかし、公共事業に情緒的な表現など必要ないだろうと思うでしょうが、「情けにかなった理」でないと、後でものすごいしっぺ返しが来ます。平成の一揆がおきます。冗談ではありません。

## 6　なぜ、NPOは誕生したのか

### 市民コントロールの方法

NPOとはどうしてできたんだろう。どうも現場でやっている人間の話を聞くと、NPOの誕生は「官による市民コントロールの手法」の崩壊とその時期が合致するようです。

戦後期は「情報操作」で、高度成長期は「補助金まき」で、バブル期は「個人利殖による無関心」を利用して市民コントロールができた。しかし、平成のネット社会で「情報操作」はできません。補助金財源も尽きるでしょう。
　「自己自衛的生存」のためどうしたらいいかに関心が向かっている市民、県民をごまかす手段がもうなくなったのです。これを背景にNPOが出てきたように思います。NPOをやっている連中は「自己自衛的生存」のための社会への関心がすごく強いのです。

### 不況による帰属意識の変容
　アメリカナイズされて、終身雇用の終焉、能力主義になりました。みんな「おれだけは会社に残れる」と会社に帰属しても取り替え可能な部品なのです。その結果、精神的帰属場所を会社に求められなくなった。しかし、精神的帰属場所がどこかにないとさびしい。つまり、精神的な帰属場所は「個」ですから、「個」として他の「個」とどう連携するかということになる。そして、得られるのが「帰属意識」と自分を守らなければ誰も守ってくれないという「自衛意識」です。こういうのがNPO参加の主な要因になっています。

### NPOに参加する人の心のありよう
　次に、NPOに参加する人の心のありようは、3段階に分けられるようです。
　第1段階は、NPOの大義名分は特にどうでもいいが、何かすっきりしたい。「自己充足」というやつです。自分さえすっきりすれば理屈は何でもいいんです。それでもやっていることは「理」にかなって、世間のお役に立っていればそれはそれでいいのです。
　第2段階は、NPOの大義名分を「スッキリ行動」のいい訳にしている。毎週土曜日になると出かける。奥さんが「いい加減にしたらどうなんだ」と言うと「ばかやろう、俺は社会の役に立っているんだぞ」ということで、「自己充足」をしている人。ちょっと高級なんです。
　第3段階は、NPOの使命を達成することがイコール自己充足になる人で

す。これがあまり先鋭的になると、あやしい新興宗教みたいになってきますので、適度なところで人間味を持っていただかないと気持ちが悪いです。
　このようにNPOは、機能の多様性もありますし、かかわっている人の根性の多様性もいろいろあることをまずご理解いただきたい。

### 7　「協働幻想」

　次に「協働」という問題について話します。
　「協働」は、このごろ行政が多用する言語です。自治の未来を切り開く切り札のように言っています。
　私はむそれを「協働幻想」と呼んでます。以下にその理由を述べます。

　「協働幻想」　その①
　市民と行政の「協働」に対する認識の食い違いがあります。
　行政はあからさまです。タダもしくは安い労働力を駆使して事業を実施し、自治体の経費を下げればいい。これが「協働」だと思っています。
　一方、NPO側は、対等性による権限分与があるという前提確認があって、「協働」が規定できると思っています。企画、立案、積算、実施、検証の一連の流れがすべて協働可能という認識です。
　しかし、現実は違って、「タダ、もしくは安い労働力の獲得手法」として表現されている感があります。

　「協働幻想」　その②
　行政内部の認識不全があります。
　道路工事もNPO受託も一緒に考えられています。「NPOを入札させて安いところに落とさせればいいじゃないか」と言い人がいます。議員もこういうことを言います。
　でも、入札して請負金額で落とせるのは、利益があるからです。この利益

の幅の調整として値段の差があるわけです。しかし、NPOに提示される事業費は純実費です。あるいは実費にも満たない実費のことが多いわけです。

　なぜかというと、NPOに示される予算額の積算は、NPOではなく行政がやっているのです。入札させるのならいいのですが、行政の方で「取れた」補助金に対応して積算を作っている場合が多いのです。カツカツに積算して、NPO受託は「この金でやれるやつがやればいい」という話です。ここに利益など最初から含まれていないのです。

### 「協働幻想」その③

　行政がやると1,000円の仕事をNPOなら700円で出来る「はずだ」。300円税金が節約でき、それが「協働」の効果である。これが行政に多い非常に幼稚な理屈です。

　しかし、そんなわけないじゃないですか。役所が1,000円かかるのなら誰がやっても1,000円かかります。NPOがやって700円に下がる根拠はありません。NPOが700円で出来て、行政が1000円かかるなら、逆に役所の人件費が高すぎ、ということになります。

　そうではなくて、あるNPOに事業受託をすることで、1,000円の仕事は1,000円かかるけれども、そこにNPO使命に起因する周辺のボランタリーな人たちの活動がプラスされ、コアがあるおかげで、他にいろいろなボランタリーな仕事をしてくれる。それが300円の価値があり、他にも300円相当の仕事が一緒に達成される。そうすると1,600円分の仕事ができます。これで1000円で1600円の仕事がなされたということになります。600円の得です。これがひいては税金を本来使わなければいけなかった600円の仕事も進められたということです。これがNPO委託の行政コスト圧縮経済効果です。

　1,000円が700円になり300円もうかるのが「協働」だというのなら、こんなものは早晩つぶれます。本当に一揆が起きます。

### 「協働幻想」その④

広域合併をすると、相対的に自治体の影響力が空白化する。これを市民の皆さんで埋めていただくのが「協働」ですとよく言われます。しかし、よく考えてみると、就労条件で言えば、行政には自治労という労組の防波堤があるのです。

　でも、「協働」という美しいことを言いますが、受託してやっているNPOの専業職員には、受託するときに適切な受託金額かどうか、交渉するすべがありません。NPO専業職員には組合がないのです。だって現状で組合を作れるはずがありません。はなはだしい賃金格差がブラックボックス化し隠蔽されています。上越市の一般行政職、時給3,330円、NPOの受託職員の実態賃金600円、サービス残業まで入れるともっと低下します。最低賃金に違反しているんです。

　日本全国で「協働」という美名で行われているものの正体は、特に役所が主導した場合はほとんどこの状況ではないでしょうか。そこには互いに生活者であるという対等性すらありません。この考えを進めれば、外国人労働者を雇用して低賃金で公益事業を「協働」させる、という理屈が成り立ちます。直接投下した経費内訳しか「見えない」という行政の想像力障害は、このような歪んだ「解」を作り出すこともあるのです。

## 8　価値の見直し

　次に「価値の見直し」ということを述べたいと思います。

　これは森林の認証NPOの話ですが、共通要素があると思われますのでお話しします。

　日本各地でいろいろな森林の認証があって、この頃はよく「グローバルスタンダード」と言われます。そして、その「グローバルスタンダード」というものが、ものすごい高級なもののように言われるのです。

　それはそれで正しいのでしょうが、これだけが素晴らしいみたいな言われかたをされる。我々ローカルなやつは原始的アニミズム的な劣ったもの、低

級なものという言い方にも受け取れます。つまり、地方軽視の東京偏重主義のようなものです。

これからの地域づくり、特に中山間地を育てていくときに、「グローバルスタンダード」なんて当たり前のことです。その上にトライバル「部族的」なスタンダードをのせる、つまり世界常識がわかった上で地域の多様性、亜種のおもしろさ、文化のゆらぎを表現するという考えの方が、意味も価値もあると思いますし、よほどおもしろい。

ですから、中山間地で、特に過疎に悩む地域に、「世界標準／東京標準」をおしつけても上手くいきません。

過疎地域の人を劣った部族集団として捉えるような眼は、その地域資源の宝石を見出すどころか、潰してしまいます。

しかし、今までは残念ながら、そのような「同情型」の施策がほとんどでした。大変失礼な話です。むしろ「トライバルスタンダード」をもつ地域として誇り高い「部族」に回帰する必要があります。そしてその方が豊かであると言えるでしょう。都会には「グローバルスタンダード」しかないのですから。

## 9　阻害と補助の両方をやってしまう「官」

実は、官は補助していると思っているようですが、NPOや住民活動をすごくやりにくくしています。官による阻害要素というのがあるのです。

少なくても住民の「協働」やNPOの活動などにより効果をもたらそうとするなら、何が官による阻害要素かを、みんなで検証して直せるものは直さないといけません。

特に、縦割り行政の場合、阻害要素が山ほどあります。それをたくさん残したままで、「あんたら市民なんだから、自分たちのまちづくりをやれ」、と言われても、やろうと思うと、あれもだめ、これもだめと言われてできないのです。そんなことでは、自治に関わった市民は、「あしたのジョー」みた

いに真っ白になって死ぬだけです。もし、誰かが死んだら次は一揆ですね。

このように、市民にやれそうな希望を持たせておいて、じわじわ希望を剥奪するのは、自治の担い手に徒労感だけを残して、生きのいいのから絶望させていきます。これは役所の損です。

特に、箱モノなど補助金を使った場合の業務規定や運営条例の摩訶不思議さ。地域の実情を知らない文官がいろいろと条例を変えてタガをはめます。これに何回煮え湯を飲まされたか。現地に来たこともない文官になにがわかるのか、ということです。

## 10　地域振興のやり方

### 一世代ワープ方法

外部的な見方でその地域資源を全く別の見方で評価しますから、よそ者の力は大事なんです。村の人がゴミだと思っているものも、外の若者が見れば宝物。ところが、地元のじいちゃんに、じいちゃんの子どもの世代のNPOスタッフをつけると喧嘩をします。子どもの世代だから何かと叱りたい。ところが、孫の世代だとうまくいきます。子供世代への理屈ぬきの反発が、孫の世代までいくと助けてやりたくなる。

私は1世代ワープ方式といいます。チームを組ますのなら、例えば68歳に22歳です。65歳に45歳をつけるとお互いに嫌で嫌でしょうがないのです。だから、意図的に世代を離す。隔世遺伝方式です。簡単なようですが、この結論にたどりつくのに3年かかりました。

### 「用に供する仕組み」が大事

地域資源は「使う」ものであり、復元して「眺める」ものではない。

例えば、村の古民家を建て直しましょうという場合。「営繕」がすめば終わりだというのが今までほとんどでした。

「景観そのものの保全」と「景観をつむぎ出す力の保全」は意味が違いま

す。言い方を変えれば「景観をつむぎ出す力の保全」をさえ行うことができれば、「景観そのものの保全」はついてきます。

例えば、「古民家再生」という言葉がよくいろんな雑誌に出ています。あれは、家のどこかに古い家の古材を使ったというだけのことで、「古民家再生」ではなく「古材再利用」です。

古民家がもたらすプロダクトの知恵がどう生かされているかが、「古民家再生」で、新しい木材で造った家でも古民家の知恵が生きていれば、それは「古民家再生」なのです。要するに、それを導き出すプロダクトの知恵を再生しましょうと言ったわけです。つまり、「用に供する仕組み」が大事です。

**役所にまずやってほしいこと**

これはホントに思っていることです。

もし、行政に大きな役割があるとしたら、「情報の収集」と「開示」です。

「今こんな問題があります」というのを実直に調べて、その生データを変に粉飾しないで出すことです。ある問題の根っこをきちんと示して、危機レベルを明示して窓を開ける。そうすれば、NPOの人たちはそれを見て、「これが時間的にもヤバそうならこれからやろうか！」ということになります。市民はそんなバカじゃないですから。

ただ、危機情報の提示がないと、緊急性の低いことから一生懸命やっちゃったりする人的なNPO資源の浪費が起こります。思い込みNPOになってしまう。また、役所からの「これをやりなさい」を待つようになります。自主性の消滅です。

だから、役所で一番大事なのは、まず、住民協働の対象となるようなもののデータをすべて開示することです。しかも、役所が対象を絞ってはダメです。それは市民が考えることですから。

とにかく「データ開示」です。役所がやらないもの、やれないもの、危機的なもの、多少役所がみっともなくなっても、データをまず配布してください。そうすれば「危機感の共有」がある中で、初めて、「やばいものから手

をつけるから一緒にやろうね」という話になるわけです。

　なぜこういうことを言うかというと、うちの「かみえちご山里ファン倶楽部」ができた理由は、実はこれだったんです。

　山里の650軒の家に農林水産課と共同でデータを取って（役所は金出しただけですが）、その景観を構成している農村としての技能、建築の技能、森林整備の技能、あるいは副次生産物「副生業」を作る技能、など、ありとあらゆるものを全部調べました。どこの何べえさんが何歳、カヤや粗朶を一本ゾリで雪山から降ろすのができて、炭焼きも白炭ができる。なんていう風に、全部調べてみました。

　で、そのじいちゃんの年齢と、同一技能を何人が保持しているかを区分しています。そして必然的に技能消滅するであろう年代推測をします。早い話が、いつじいさんが死ぬかなということなんです。

　それをやっていくと、もう大変です。消えたら二度と復元ができないという技能が50、60種あって、恐らく10年で全滅という答えがでました。甚だしくは10年後にこの越後の中山間地で、棚田のハサがけ景観まで恐らくは消え去るだろうということになりました。それを村の人にも役所の人にも見せたんです。

　役所も住民も、これは大変だということになり、もしこれを何とかするとしたら、今までの自治体とか青年会とかいう枠組みだけではなくて、もっと広い枠でのNPO的なものがない限りは、もうどうにもならないということになったのです。

　現状の展開に閉塞感があることは、みんな自覚していたんです。今でも隣村と仲が悪かったりします。しかしNPOの若者にはみんな協力的です。その地域の歴史の「負」の面をまとわないマレビトだからです。

　そして、NPOができたら、緩やかに今の自治の代替をしていくわけです。青年団も村の町内会もそのままです。しかし、有機的に連携を取りながら、それらが統合された新しい自治のありかたが発生しつつあります。既存自治組織とNPOの違いは、未来に想像できる「希望」の質と量の違いでした。

## 11　最後は人づくり

　最後は「人づくり」です。現在いろいろな活動をやっています。恐らく、羅列すると200、300にはなります。何とかやっていましたけれども、やはりNPOの本質的な考え方をちゃんと理解した上での活動でなくては場当たり的になります。消化させないといけません。
　ひとつひとつの事業をバラバラにやるだけじゃなくて、きちんと位置関係を整理して、他に対して説明・対話ができる汎用化されたソフトにまで高めることが必要で、そういう行為によって、NPOの考え方のDNAをちゃんと作ろうということです。
　そこで最終的に何が重要かといえば、「教育の仕組み」に帰結します。
　今までやって来た産業、民俗、生存技能、文化芸能などをまとめて、カリキュラムとし、来年の春から一年制の学校をつくることにしました（来年はプレ開校）。
　勉強したい人は、村に1年間住んでもらい、生存に必要な農林のほぼすべての技能、あるいはマタギのおじさんによる雪山で死なないための知識手段、海で潜水漁をして離岸流で流されて死なない方法とか、とにかく、死なない人間と生き残れる人間、そしてその上で個の枠に逃げ込まずコミュニティーで生きられる作法などの勉強をする。死なない「個」と、「個」と「個」が連携できる「個」をつくる。
　高校を出てから大学に行く前に、もしくは大学を出てから社会人になる前にその学校に1年来るというような魅力ある学校にできたらいいなと思っています。
　このようなNPOの展開が、村の人の心にはどういう効果をもたらすでしょうか。ものづくりもそうですが、賃金が高いとか休みが多いとか仕事条件がいいというほかに、実は、パッションが必要です。プライドが保持できるかどうかで、ものづくりの質は全然変わってきます。

NPOがそこにいることで、ひとりひとりのお年寄りもまた主人公になってその活動に子どもたちも加わる。その中で、一番期待したいことは、私たちはワン・オブ・ゼムではない。ということの自覚です。

　プライドも誇りも実は持って良いものだったんです。文化のありようも考え方も素敵な亜種、文化の美しいゆらぎであると。

　みんなそう思えばいいのです。それでみんながナンバーワンと思えばいい。「亜種」であり「ゆらぎ」である中で、自信を取り戻せば活力が出ます。これは抽象議論ではありません。現実的な要件です。

　だから、こういうものが緩やかに喚起されるように、NPOが使命を持っていなければいけないのです。また、そういうDNAを持ったものでない限りは中山間地の人たちを、どうのこうのなんて、おこがましくてできない。そのようなDNAを持ったNPOは、その地域に潜在している宝物の発見者であるべきです。

### 「自衛的生存の意識」＋「相互補完の意識」

　今、誰からも感じられるのは、森林NPOもまちづくりNPOも中山間地NPOもそうです。現場でやっている人たちの意識は大きく2つです。

　まず、「自衛的生存の意識」です。自分を守る「自衛」です。それと、「相互補完の意識」。これが大きくなってきています。いいことです。特に中山間地振興活動では、この2つの感性が重要です。

### 「一体である循環系」の理解

　中山間地と隣接都市部を例として捉えてみましょう。

　中山間地や隣接都市部は、実はお互い単独では存在できず、環境的にも経済的にも人為的にも、あるいは水資源も含めた産業の資源循環としても、相互補完しているということの確認と実証、そして理解が重要です。

　「なにわ節」みたいな情緒啓蒙の印刷物を配ってもだめです。実証して実態を見せて、「ほらね、私たちは一体の循環系にいるでしょう。村が滅びれ

【図3】
都市と農村の補完関係

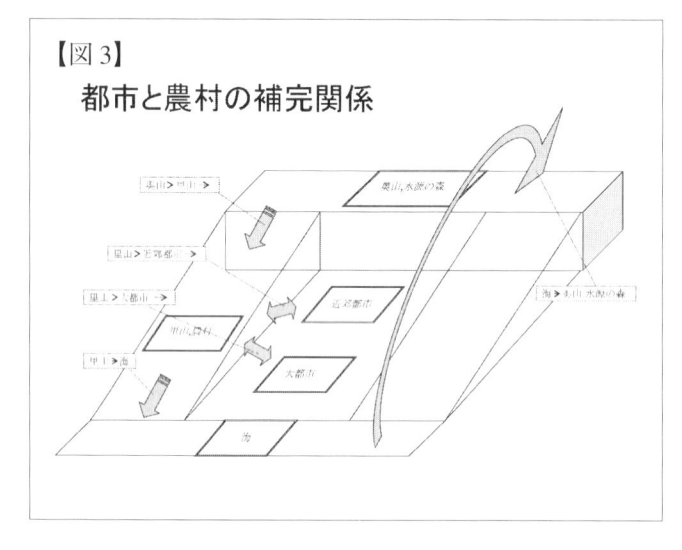

ば都市も滅びるよ」という話をわかりやすくしてやる必要があります。

村だけよくなる方式はありませんし、都市だけよくなる方法もありません。この補完の理解が最終目的です。そのような意味でも村だけを抽出して分離するような行政の過疎地振興策は、かなりおかしいと私は思っています。

### 都市と農村の補完関係

この山に入ったときに様々な中山間地資源があって、この補完関係をわかりやすく都市に伝える……。そうすると補完関係は、ムラの人にとっても都市の人々にとって必要なものなんだというプライドになります。

### 地域資源循環産業という言葉の魔法

では、地域はすべて美しいのか。地場産業はすべて素晴らしいのか。

現実は問題を抱えています。今まで、スギの間伐材で産業をやって来た人たちの実例があります。なぜドジを踏んだかというと、「地域資源循環産業」という言葉の魔法です。

たいがいこのあたりの産業は「地域資源循環型」です。

農業もそうです。隣のばあちゃんが農薬が大好きで農薬たっぷりのトマトを作って、その隣のおじさんにあげた。おじさんはそれを食う。これは「地

産地消」です。あるいは、村にものすごく切れ味の悪い鎌しか作れない鍛冶屋がある。けど、1軒しかないから買う。これは「地域資源循環型」の産業です。しかし、選択肢も何も無い。こんな鍛冶屋みんなイヤなんです。

つまり、「地産地消」や「地域循環型」というのは、ただ状態を表わしているに過ぎません。なんら商品力の担保にはならない。しかし、この言葉によりかかった甘えが起きつつあります。

商品が販売物である以上、当たり前に必要なのが「商品力」です。「品質」と「価格」と「デザイン」という商品力の3要素があるのが当たり前で、それがあって始めて、「地産地消」とか「資源循環」の環境負荷が少ないとか、そういうプロダクトの思想性が価値を持つわけです。

そのプロダクトの思想性を商品力の第4要素と規定しましょう。しかし、地方にはこの環境ばやりの中で、この第4要素にだけ依拠して、通常の商品力が欠落したものが多いのです。これは「地方は庇護されるべきものという甘えの体質」の顕在化です。

しかし、今、日本中の田舎の森林組合などで多く見られる例ですが、作った品物の4番目の要素、環境配慮のことなどは声高に、間伐材を使っていますと言っておきながら、その他の重要な商品力の3要素が全くない、結果、消費者にバッタもんを売りつけることになるのです。

でも、彼らは、「だって、おれたち「地産地消」で「資源循環」でほめられることをやっているんだ。間伐材を「使ってやって」るんだから、多少は見映えは悪くてもいいじゃないか。」といい訳する。

こんなもの、誰も買いませんよ。でも、過保護ゆえの弊害で、しばしば陥ってしまうのです。このような現象を「地産エゴ」と呼びます。


## 「地縄的産業」と「地縁的産業」

さらに、「地域循環型」産業は、「地縄的産業」と「地縁的産業」があるので必ず区分していただきたい。

今、この「地縄的産業」化している地域産業がものすごく多い。先ほどの

鍛冶屋の切れない鎌も、ものすごく「地縄的」です。
　その対極に「地縁的」があります。その土地と、そのプロダクトをやる理由が、土地の公益性とリンクして立証されているというのが「地縁的」ということです。
　そして、このリンクの証明はNPOにしか出来ません。公益性が商品力に転化される場合、製造者という受益者が、公益性を証明することは不可能だからです。しかし、この「地縁性」をはっきり打ち出さない限り地域産業に未来はありません。例えば、ただ、環境にやさしい木製品だけを使えばいいというのなら、ＦＳＣパインを中国に入れて、中国で家具を作らせて三重県に輸入したらもう誰も文句は言えないです。地球環境という話だけでいくのなら、ウッドマイルズ的な観点以外は非難されるべき点が無い。しかし、この製品は三重という地域場と全くリンクしていないのです。
　地球環境という概念言葉だけでは地域産業を育てられません。地球環境概念「グローバルスタンダード」に立脚した地縁性「トライバルスタンダード」が必要です。すべての中山間地で作られる産品は、「地産エゴを駆逐しながら地縁性を駆使」しなければいけないのです。それにはNPOとの連携が不可欠なのです。

# Ⅲ

# 『地元学』による
# 地域の暮らしの紡ぎ直し

吉本　哲郎（地元学ネットワーク主宰）

はじめに

　一万人を越す膨大な被害者を発生させた水俣病事件は、人の生命と健康を奪っただけでなく、地域社会に深刻な対立をもたらしました。しかし1990年からみんなで始めた「環境都市・みなまたづくり」の動きが実を結び、水俣は奇跡的に甦りました。
　そこには、人や地域、自然との関係をやり直す、水俣で「もやい直し」と呼ばれる「暮らしの紡ぎ直おし」の動きがあったのです。
　その動きは、水俣病問題の解決と共存と環境に特化した「水俣再生」に向け、水俣病事件と向き合い、「あるもの探し」と「水の行方」をみんなで調べることから始まりました。
　その経験を振り返り地元に学ぶ『地元学』と名づけたのですが、そのうち、水俣のどん詰まりにある40世帯の集落でやった「村丸ごと生活博物館」のこと。今、あちこちに呼びかけている「ばかん巣プロジェクト」についてみなさんにお伝えします。

## 1　水俣病問題の解決と共存、水俣再生に関わって

### 逃げるな、正面から向き合え
　1991年に、水俣病の発生で荒廃した水俣の再生にかかわることになり、私が最初に自分に言い聞かせたのは「逃げるな」ということです。それまで私は水俣病から逃げていたからです。逃げずに正面から向き合うためにそれまで会ったことのない水俣病患者に会いました。

### 水俣（病）問題の姿・形
　最初、「問題づくり」に取り組みました。なぜなら、私たちは答えを間違えているのではなくて、問題を間違えていると思ったからです。
　作った問題の姿・形は、大きく6つになりました。
　①「生きているうちに救済を」という被害者救済問題です。しかし、原因企業がお金を持っていなかった。
　そこで、②被害者救済の前に加害企業を救済するという矛盾にさらされることとなりました。でも救済はお金です。家に帰れば生活が待っています。そこにいくつかの問題がありました。
　③「失った生命と身体は戻ってこない」。そこで慰霊や祈り、癒しの行事をはじめました。
　④「私たちも役に立ちたい」にこたえていくために、生きがい、働きがい、社会参加の取り組みをしました。しかし、特に母親の胎内で患者になった今は40歳を超える胎児性患者の存在理由の確認には答えられないことがわかり、ここで初めて解決できない問題があることに気づきました。
　解決できる問題は早く解決し、解決できない問題と水俣は共存していくことがわかってきました。
　次に大問題なのが、⑤「水俣出身とは言えない」こと。お見合いの話はこれ、就職はだめになり、農産物も売れませんでした。私たちは、1956年の

水俣病公式発見以来40年近く、ひたすら水俣出身であることを隠してきたのです。胸を張って水俣出身と言えるようになるために、水俣病の教訓を真正面にとらえた「環境都市水俣づくり」が問われました。

⑥「水俣湾が水俣病の原点」です。環境復元事業が13年間の長い年月と485億円もの巨費を投じて1990年に竣功し、今、サンゴが20数種類確認されるまで復元されました。

1991年に出会った「このままでは俺たちの犠牲は無駄だ」という田上義春さんの言葉は、私にとっては衝撃でした。

そのときに「あなたたちの犠牲は無駄にしない」と思いました。しかし、言葉になって出ませんでした。目的を言うだけで、どのようにするのか、誰がするのかを明らかにしなければ事はうまくいかない、無責任になると思ったからです。

あとで、やってきたことを振り返ってみたら、「水」と「ごみ」と「食べ物」に気をつけていました。水俣のみんなで取り組んだ最大の特徴です。なぜなら、原因企業であるチッソが有機水銀というごみを流し、それが水を汚染し、魚という食べ物に濃縮され、知らず知らずの間に人の口に入ったからです。だから水俣は「水」と「ごみ」と「食べ物」に世界のどこよりも気をつけていくこと、それが水俣病の膨大な犠牲を無駄にしないことにつながると思いました。

### 環境都市　水俣づくり

水俣病の犠牲を無駄にしない、住民協働による行動が始まりました。

①ごみの住民による分別、②「ごみ減量女性連絡会議」によるごみ減らし、③エコショップの仕組みづくりと認定、④環境マネジメントシステムの国際規格であるＩＳＯ 14001の認証取得（現在は自己宣言）、⑤学校版環境ＩＳＯの取り組み、⑥地区環境協定、などです。

そして今、水俣は元気になり、患者も「いい世の中になった」と言ってくれるようになりました。やってきたことを振り返ってみると「みんなでやっ

てきたこと」、そして「取り組み費用が安い」というか予算ゼロも結構多いのです。予算を要求したら「これは一体どうなるんですか」と聞かれて私が「よくわからん」と言ったから予算ゼロになったということです。

　だけど、やりたい気持ちがあるから、どうにかしてやらなくてはと思って、私たちにあるのは何か考えてみたら「体力」と「時間」だった。要するに手間暇かけてやったらできました。自分でやっていったら、よそにないことができたということです。それだけの話です。

### 水俣再生のキーワード

　水俣再生のキーワードは「距離を近づける」「話し会う」「対立のエネルギーを作るエネルギーに転換する」そのためには「お互いの違いを認め合う」ことです。

　これは、患者の悪口を言いつづけていた私の母親が、1991年に患者の杉本さん夫婦を自宅に黙って呼んで1時間話をさせてから患者だと紹介したら、それ以降、悪口を言うのをやめた、という経験が教えてくれたことです。

　水俣は40年間、悪口、中傷、非難、怪文書が飛び交うなど、ひどい状況でした。これに耐えられると人間は強くなります。おかげさまで私も強くなりました。この悪口ばかりの水俣を、こうしようという話に持っていかないと良くならない。

　私は、人の「悪口」とか「行政は何もしてくれない」とか言うのを聞くと嫌になります、逃げたくなります。すさんだ人の気持ちのままでは地域の再生はおぼつかないからです。だから、前吉井正澄水俣市長が「内面社会の再構築」と言い、後に「もやい直し」と呼ばれるようになった、人の気持ちの「もやい直し」、人と人との心を結びつける取り組みが始まりました。いろいろなこともあるけれども、信用して信じて一緒にやっていく気持ちを再生していかないと、壮大な社会実験はうまくいかないのです。

## 2　水俣再生は「あるもの探し」から始まった。

### 愚痴から自治への転換

　水俣再生の動きは「あるもの探し」から始まりました。住民10名ずつ26地区、地区の活動を世話する「寄ろ会」という組織を設置しました。

　当時、私は企画課にいたのですが、その人たちに二つのお願いをしました。一つは、「役所に陳情しないでくれ。自分たちでできることをやってくれ」です。今まで、みんな文句ばかり言っていましたから、文句を言わずに行動しようと呼びかけたのです。それまで、あれしてくれ、これしてくれ、でしたから、それはもうやめて、「自分たちでできることをやろうや」と私は先手をうったんのす。

　大混乱が起きました。「どうすりゃいいんだ」と聞かれたので、私は「陳情というのはないものねだりだ、その反対は、あるもの探し。地域にあるものを探してそれを磨こう」と答えました。

　それでやったのが、「地域資源マップづくり」です。やってみたら、小学3年生にできることをやらされたと怒る人もいました。全くそのとおりです。でも、それでいいのです。誰でもできるけど経験と知識を積み重ねてきた大人がやると奥行きと深みが違ってきます。ないものねだりは「愚痴」です。あるものを捜して磨くのは「自治」です。「愚痴」をいかに「自治」に変えるかです。

### 水に気をつける

　「水」と「ごみ」と「食べ物」についての取り組みですが、実は私の家の水使いを調べたんです。調べてみたら、驚きました。

　人のことは言えません。私の家は自家水源で、飲み水と生活用水に使い、池に流し、鯉とかできれいになった上水(うわみず)が水路に流れていました。その先をたどっていくと私の家の田んぼがありました。私の家は自分の家の流し水で

作った米を食べていたのです。

　そこで、「合成洗剤をなるだけ使わないようにしよう」と、うちのかみさんに言ったら「無理だ」と言うんです。「何で無理か」と聞くと、「合成洗剤は落ちるし、ギフトでもらったから使ってしまわないともったいない」と言うのです。

　その後、少なくなっていったんですが、ゼロにはならない。完璧にゼロは非常に難しい。だけど少なくすることはできる。

　自家水源はこの前の大災害でやられて結構お金がかかったんですが、うちは自分で修復しました。維持管理も自分でします。

### その人の「地球環境」とは、その人の「水に関する責任の範囲」

　次に集落の水の使い方を調べてみました。すると、私の家と同じ構造でした。わかったことは水に責任を持って生活する範囲が一つの地球だということ、私の家も私の住む45世帯の集落も一つの地球であることです。

　私たちは、地球環境とかいう言葉を使っていますが、その人の「地球環境」とは、その人の「水に関する責任の範囲」だということがわかってきました。ちなみに、私の母親は「環境」という言葉すら使いません。「雨が降った」とか「明日の天気は」とか「花が咲いた」とか具体を言います。環境とは具体なんです。

　そして地球環境とかの話を私がすると、そんなこと見たことも食べたこともないというような表情をして聞いています。だから、私は、具体の水のゆくえを調べることから始めたのです。

　水俣は源流から海まで1本の川の水系です。あるとき、海を下にして川を見たら樹のように見えました。そこで「川の樹」と名前をつけました。水俣を再生するとはこの「川の樹」を元気良くすることだと思っています。

　それで「寄ろ会」のみんなで「あなたが飲んだり使ったりしている水はどこから来てどこへいっていますか？」と呼びかけ全地区で水のゆくえを調べていきました。

水を調べていったら、村のたたずまいは水がつくっていたこと、決して村人たちは美しい村をつくってきたわけではなかったことがわかりました。村の人は美しい村をつくってきたわけではなくて、ここに生きるために、ここに暮らしていくために木を植えたり、田んぼをつくり、畑をつくり、梅の木や柿の木を植えてきた。生きていくために風景を作り上げてきたのです。それは「生存風景」です。これが村の風景だと思います。
　でも、何を勘違いしたのかヨーロッパに行った人の中には「美しい村づくり」とかを言われる方がいます。それを「かぶれ」といいます。
　もっと日本の足元を調べてもらいたいと思います。そんな話をしていたら、「女の人たちが村の風景の７割をつくっていること」を東北の結城登美雄さんが私に教えてくれました。
　東北のきびしい暮らしに20歳すぎて嫁入りしてきて何度泣いて帰ろうと思ったことか。だけど、子どもができると、ここに生きると腹を決めて、子どもの将来のために実家から思い出の柿とか栗とか梅とか持ってきて植えて、暮らしを整えてきた。たった１本の梅の木にもそんな思い入れがある。それが「村の風景」だと教えてくれた。
　私は素晴らしい話を聞いたと思い自分の家を調べてみたんです。すると、植えたのはうちのおやじでした。ただ、命令していたのはうちのおふくろでした。これも女がつくってきた「村の風景」です。

**地区環境協定（村の生活ルール）の取組み**
　地区環境協定の取り組みは、地区の環境に関する最低限の生活ルール、約束事のことです。地区にはいろいろ困った事があると思うので、皆さんに紹介しておきます。
　うちでは暴力団が何十年も山や沢の石を取っていました。「取ってくれるな」と、村の人は言いました。その暴力団は「若いものをやるぞ」と言って村の人を脅しました。村の人たちは困り果てました。役場に行きました。無理でした。県庁に行きました。無理でした。私のところにも来ました。無理

でした。どうしようもありません。

あるとき、ふっと気づいたことがあります。みんなで約束事を新しく作るということです。「この集落では村の合意を除いて山や沢から石を取るのは禁止します」、と書いてみんな印鑑を押したんです。役所とではなく村びと同士で結んだのです。そしたらピタッと止まったんです。

原因はおわかりですね。やくざに石を1万円とかで売っていたのは村の人だったんです。だけど、沢や通学などに影響のある山の斜面の石をとるな、売るなとは誰も決めていなかったんです。

それは経済行為です。しかし、「したらいけない」と、一人ひとりがただ思っているだけでした。でも、「してはいけない」というルールは村で共有しないとルールになりません。だから、約束事を書いて印鑑を押して共有するとピタッと止まるんです。要するに、村で新しい生活ルールを作ることです。法律や条例でも無理なことはいっぱいあります。

### 海の者と山の者がつながれば町はどうにかなる

網元で水俣病認定患者の杉本栄子さんという海の者と、農村という山の者である私のお袋、この海と山の者が出会って、水俣は今もつながってやっているからうまくいっています。人の心、気持ち、精神世界の出来事です。これを知ってもらいたいので紹介します。

水俣の一番高い山の上に山の神があります。901メートルの大関山にある山の神にサンゴ、貝殻、海草が供えられていて、何で一番高い山に海の幸が供えられているのか不思議です。

私は、日本人の精神文化の基盤にある縄文時代の精神世界にある自然への恐れと感謝、循環だろうと思っているんですが、水俣も他の町でも山の神という自然神を借りて、恐れと感謝、循環をひとつの形にしていたのではないかと思っています。

実は今も、山は海の人にとっては生き死にに関わっています。「山あて」といって、山と岬、海岸の石や松とかを結び漁場である瀬を当てたり、漁場か

ら帰ってくるための目印にしています。鹿児島の笠沙町の漁師に話しを聞いたら「40キロの沖合から帰るとき、最初に野間岳が見える。高さ600メートルぐらいの山だ。今はＧＰＳで位置がわかるけど、野間岳が見えたら拝む、帰ってきたと拝む」今でも漁師は山を拝むというのです。そんな漁師たちはいくらけんかしても翌日は忘れてけろっとして無線でやりとりします。それから遭難したり困ったりしたら何はさておき駆けつけます。水俣の茂道という漁村では60年ぐらい前、嵐にあい難破して困っている船を助けに行って7人の若者が死んだんです。助けに行ってですよ。生き死にかけての海の暮らし。そこに山の神がある。古代からあり今も海と山はつながっている。

　そして「海の者と山の者がつながれば町はどうにかなる」と杉本栄子さんは教えてくれました。杉本さんと知り合って10数年になり、今は家族ぐるみの付き合いになりました。この海と山がつながり、人がつながり、感謝する気持ちが今もある。このことが実は水俣再生の基盤にあると思ってください。

## 3　「村丸ごと生活博物館・頭石（かぐめいし）」の取り組み

### 豊かな村づくり　―3つの経済の調和を―

　村をそのまま生活の博物館と見立てた「村丸ごと生活博物館」の取り組みを紹介します。

　目標は「①いい風景づくり、②豊かな村づくり、③町と村の交流」の3つです。でも、経済には「①貨幣経済としてのお金、②共同する経済としての結い、もやい、③私的経済としての自給自足」の3つがあると私はとらえています。

　豊かさはお金だけではないのですが、では何かと問われるとなかなか納得のいく答えはない。

　それで、私は「お金」と「共同」と「自給自足」だと言うようになったのです。豊かさを感じ取れないのは、お金を持ってないと思い込んでしまっているからではないか、手伝ってくれる人がいっぱいいたら、そんなにお金が

なくても生きていけるのではないか。そんなにお金がなくても家庭菜園で野菜を作ったり、浜や山や川でとれる食べ物がいっぱいあるなど、自給する暮らしを支える海山川が豊かであればいいのではないのかと思うのです。

町の若者が水俣にコンビニがないというので、私は「何を言うんだ。水俣の海と山と川は無料のコンビニだ。何で取りに行かないのか。ときどき泥棒と言われるけどな」と冗談で切り返します。

「共同する経済」、「自給自足の経済」も含めた地域づくり・地域おこしをやらないで、相変わらず「お金の経済」だけでやってしまうのはちょっとおかしい。

### 生活学芸員と生活職人

生活学芸員が40世帯のどん詰まりの頭石（かぐめいし）集落に8名います。15人の生活職人がいます。生活学芸員と生活職人の条件はたった一つです。それは「この村には何もないと言わないこと」です。そのために自分の家と住んでいる集落を調べます。じっと見つめていくと「こんな所もあったのか！」と驚きがある。自分の住んでいる集落と自分の家を撮った写真を見て「これはどこだろう」と思ってしまう。住んでいるのに実はよくわかっていないものです。

これは私の反省ですが、私たちはいろいろな話を聞きます。私も言っているし、聞いているし、テレビを見たり雑誌を読んだりして情報を得ているのですが、何か行動しようと思ったら、足元からしかできないものです。

いい話を聞いても、やるのは自分の家だったり、職場だったり、または地域だったり、町だったりです。普通は、ここでしか行動できない。地球環境の話を聞いたら、地球に出かけるのですかね、冗談ではないですよね。自分の家で飲んだり使ったりしている水はどこから来てどこへ行っているのか、調べてわかって初めてここをこうしようかとなります。

足元のここからしかできないのです。いくらいい話を聞いても足元を少しでも調べてないと、行動に結びつかない。だけど、自分で調べていったら動

けるようになります。
　頭石集落の「村丸ごと生活博物館」の取り組みは、今、2年ちょっと経過したんですが、1,000人近い人がこの村に来ました。この前はアメリカからも視察にやってきました。

### 地元を知る「絵地図づくり」
　絵地図をつくってみたら村の当たり前のすごさがよくわかるようになりました。地域の普通の暮らしを案内することが面白くなってきました。
　修学旅行もやってきました。なるほどと思ったのは1世代ワープです。17歳とかの高校生たちが来たら、60すぎのおじいちゃん、おばあちゃんたちが張り切って魚釣りとかこんにゃくつくりとかを企画した。でも相手は女子高生だった。どうしようかと思ったけど、人気があったのは釣りでした。意外でした。
　でも一番人気があったのは軽トラックに乗ったことです。わかりますね、オープンカー、風に吹かれてというのは大事です。これは町の中でやらないでくださいね、笛を吹かれますから。田舎はいいところです。黙っていれば荷物です。で、村の人たちといっしょに修学旅行の記念写真を撮ったらみんな笑顔でした。自分で釣った川魚を自分たちで調理して、こんにゃくも作って食べた。たったそれだけなのに、高校生たちは泣き出しそうになって帰っていきました。「また、来たい」とか「お嫁さんに来たい」とか、うそばっかり言って帰っていきました。だけどうれしいのは、毎年次の高校生たちがやってくることです。ありがたいことです。村のじい様、ばあ様たちは元気が出てきました。
　案内のお礼に1,000円もらいます。そして昼飯にかかるように案内して昼飯代も1000円もらいます。今は最初から2,000円もらっています。で、一割は村に返して村の共有財産として蓄えていきます。還元することで、どこにでもいる活動しない村人の不平を小さくしたんです。
　村の加工場の弁当販売とかもあって、村の共益金が30万円近くたまりまし

た。たいしたものです。村の40世帯で30万円も共有財産ができたんです。このお金で結構なんでもやれるんです。

## 4 地域のすばらしい所がたくさん見えてきた！

### すごいぞ！　食事～食材と技

頭石集落に最初に泊まった人が島村菜津さんです。『スローフードな人生』という本を書いて、イタリアのスローフード運動を日本に紹介した人です。彼女は当時スローフードの日本展開で悩んでいて、「スローフードの認定をする仕事にしたいとかで変な動きもある、どうしたらいい」などの相談がありました。

けど、私は笑うしかないから笑っていました。「いろいろあるさ、田舎の方でボチボチやっていけばいい」と無責任なことを言っていました。彼女はこの村に最初に泊まった人で、泊まったのは小島待子さん、小島利春さんの家です。食べる素材が99％ここの家と近くでとれたもので作ったものだと知って大感激し、「ほとんどここで作ったものだというのはすばらしい！」と言われた小島さん夫婦も大感激でした。

1年後、村の女性たちが作った食べ物の写真をまとめて村の人たちに見せました。すると男の人たちは「ほう～」と言いました。うちの村のかあちゃんたちの力はすごいということです。

私が言いたかったことは、「これでこの村には何にもないんですか？」ということです。「当たり前のコトやモノがすごいことを見せること、目に物見せること」が大事なんです。

### すごいぞ！　思わず買いたくなる直売

頭石で、村の人たちに、「あんたの家庭料理を1,000円で食べさせてくれよ」の次に、私は「庭で野菜などを売ってください」と言いました。

売り始めた最初のころは小さい声で「すみません。50円、100円」って売っ

ていたんです。

　「こんなうまいのは、もうちょっと高く売らないとだめですよ。値上げはできないけど、値下げはできるんだから高く売ってくれ」と、私はそう思う。村の人たちは勘違いしているんです。1,000円、2,000円の案内料と飯のお礼も気の毒だというんです。

　これはなぜだかわかりますか？村の人の普段の経済は「物々交換」なんです。村の誰かにあげても返してくれるからです。だから物の交換経済で「いやいや、よかよか、お金はいらん」といってお金をとらない。「だけど、町の人はタダのものはタダで、何も返さないからお金取りなさい、何も気の毒と思わないでいい」と私は言い続けました。

　わかったことは、第三者が決めることの大事さです。生活学芸員が村を案内するので1,000円払えと言ってあげること。これだけかかりますと書いて貼っておくことです。村の人はお金をとるのは気の毒だと思っている。で、「すみません。役所の人が取れと言ったので、と言っていいからお金をとりなさい」といわないととらないのです。そういう村の人たちの心の動きを私は知っていましたから、第三者が言う仕組みができたのです。

### 自然への感謝

　村には水神さんに対する信仰があります。川の神さんとかに感謝する。こういうことが大事です。なぜなら、自然と先祖に感謝する文化があるところ、守っているところしか今伸びてない。この感謝の心を捨てた村は心も捨てています。日本を捨てているし、心も捨てている。この気持ちの再生はちょっと大変だと思います。私は頭石にある水神さんへの感謝を見て、この村だったらやれると思いました。村の人たちはやりとげました。

　私が農林水産課にいたときに予算ゼロで呼びかけてやったんですが、ここはどん詰まりの村で親戚しか行かなかった村でした。だけど、この村丸ごと生活博物館の取り組みで、水俣で一番熱い村になりました。日本だけじゃなくて世界からも来るようになり、こんな何にもないと思っていた村に人が来

てくれるようになりました。

### 5　村に現れた効果

#### 効果1　村びとが元気になった

　効果は「村の人たちが元気になった」。「自分で気づかなかった村の良さを外の人が教えてくれた」。「山を見る目が変わった。食べ物がいっぱいある。お客が来たときに今度はあれ出そうかな、これ出そうかなという目で山を見るようになった」です。

　わかります？山を守ろうという気持ちが全然ないですね。どのようにしてタダの山の幸でお客を喜ばせようかという、この欲が素晴らしい。私は山を守るな、川を守るな、森を守るなと言っています。なぜかというと山のある暮らしを再生して守れ、川のある暮らしを再生して守れ、森のある暮らしを再生して守れと思っているからです。

　山や森や川などを守れという人の中には、暮らしは関係ない人も多い。人がいなくなればいいと思う人がいっぱいいます。おかしいですね。欲で使うから山を大事にするのではないですか。欲で山菜を採るから来年も採りたいから全部採らないのではないですかね。それはすごいことだと私は思うんです。

　次に、ばあちゃんが「生きがいになった」というのです。今まで、家にいるだけだったけど、自分の手料理を食べて喜んでくれる。「ばあちゃん、うまかばい」。この一言で生きがいになるんです。福祉って何なのかと思いますね。「うまかばい」の一言。これは水俣弁ですが、標準語で「うまいです」。そんな一言で人は元気になれるんですね。びっくりしました。

#### 効果2　村が化粧し始めた

　次に「村が化粧をし始めた」ことです。女の人が外に出かけるとき化粧するように、村も外の人が来ると化粧をし始めるようになりました。いつの間にかプラスチックの樋が竹製の樋になったり、ほったらかしのタイヤとかが

片付けられていたりしました。

あるカメラマンは「この村に来たら違う。何か違うここは」って言いました。何か行き届いているし、違うんです。

### 効果3　ものづくりが進んだ

意外だったのは、ものづくりが進んで、売れたことです。荷造りひもで作ったかごが売れるようになりました。役場のカウンターに置いていたら、ある人が「買いたい、売ってくれ」という。生活博物館を担当している職員の草野舞子さんが「蓑毛さん、売ってくれって言っているよ」とつくった人に言ったら、蓑毛さんは「売ったことがない」と言うんです。タダでやっていたんです。「じゃあ、私が値段をつけてあげる。1,300円」と舞子さんが言って売れるようになったんです。

ところが、役所に置いておくとうるさい人が来るんですよ。「ここ、もうちょっと柄を長くしてくれ」とか「ここに花柄がほしいわ」とか、「ここ、もうちょっと強くしてもらえる、弱いから」。これを作った人に言ったら、強くしてあげたり、花柄を入れたりしてくれました。すると、文句言った人が10個ぐらいまとめて買ってくれたんですよ。そして「これ、いいから買いなさい」って売っていくんですよ。

わかったことは、「ものづくりというのは、作る関係を作ること」でした。買ってくれるお客の文句を聞く関係をつくる、それが秘訣でした。ただ、第三者、仲立ちが言ってあげたほうがいい。直接言ったらけんかです。だから、仲立ちがきちんと伝える仕組みが必要になります。きちんと文句を伝える。そして売ってあげる。本当はそれが問屋さんだったんでしょうね。でも今は産地の問屋、消費地の問屋さんが崩壊している。あと、豆腐作りセットなんかも結構売れました。

### 効果4　自分たちのことは自分たちでする―自治の精神が育った

そして頭石集落の人たちは、「自分でやるようになりました」。案内看板も

加工所も全部自分たちで作るようになりました。

「村丸ごと生活博物館－頭石」の取り組みは、自分たちの住んでいる村を自ら元気にしていくために、自分たちのことは自分たちでするという自治の精神が育ったことが最大の成果です。

「ないものねだり」をやめて、自治するために、「足元にあたり前にあるものを探したこと」、次に、「発見したあるものとしての生活文化を博物館と新しく組み合わせたこと」につきます。

住民と市行政が協働で、頭石の人たちが持っている底力を引き出したことになります。このことが地元に学ぶ『地元学』です。あるものを探して調べて考えて役立てていく『地元学』です。

## 6　地元に学ぶ『地元学』のこと

地元学は村や町の元気をつくるというキーワードで考えていて、村や町の元気は３つで考えています。まずとにかく、①「人が元気」なこと、②「地域が元気」なこと、海と山と川が元気なことです。次は③「経済が元気」だということです。ただ経済は先ほど言いました３つでとらえています。①「お金」と②「共同」と③「自給自足」です。この３つの元気と３つの経済に取り組んでいきます。

村や町の元気をつくるときに、考えなければいけないのは、湯布院で木工「あとりえ・とき」を主宰している時松辰夫さんの「自然と生産と暮らしがつながっていて、常に新しいものを作る力を持っている」という言葉です。

新しいものをつくる力を持ってないところは衰退だというのです。企業もお店もそしておそらく行政も商店街も、新しいものをつくらず守っているだけのところは「衰退だ」と私も思います。

では、新しいものとは何でしょうか。それは「あるもの」と「あるもの」の新しい「組み合わせ」です。ないものを組み合わせても何も生まれません。

故に「あるもの探し」が必要になります。

冷蔵庫を開けて、「あれがない、これがない」といって料理するのが二流です。冷蔵庫を開けて「あるもの」でやるのが一流というものでしょう。

地域の扉を開けて文句を言ってやるのは二流の地域づくりじゃないですか。だけど、地域という扉を開けて「あるもの」でやるのが一流でしょう。そしてそれを黙ってやるのが超一流ですね。その超一流とは、普通の人たちだと私は思うんです。

「地元に学ぶ」ということは、地域の持っている力、そして人の持っている力を引き出していきます。

あたり前だと思っている地域と人のすごさを引き出すために、「驚いて質問」していきます。「驚いて質問する」意味は、決して教えないということです。引き出して、それで組み合わせていく。ただし、誘い水ぐらいはしますが、やるのは住んでいる人たちです。従って、こういうこともやったけどな、やれるかなというぐらいで余り引っ張っていきません。これは難しいことです。

なぜ「教えない」かというと、結局自分たちでしかやれないからです。当事者が力をつけることだと私は思っているからです。住んでいる者が当事者になって、自分でやる力を身につけないといつまでたってもうまくいかないので、やりすぎないようにします。

大事なのは、プラスとマイナスがあることです。プラスは「全国に突出してあるもの」、それから「どこにでもあるもの」の2つです。ここには何もないとは、よそにないものがないということです。

うちには誇れるものはないとか、自慢するものはないとか、宝はないとか、資源はないとか、こんな言い方です。全国に突出しているものがない。これはマスコミにも少し責任があります。「よそにない郷土料理はありますか」など聞くからです。「ないよそんなものは。どこにでもあるものはあるけどね」と言い返したくなります。

それから、マイナスは「困っている、余っている、捨てているもの」です。

これもあるものです。このプラスとマイナスの「あるもの」を新しく組み合わせていきます。水俣は環境と困った水俣病を組み合わせたんです。

私は「一点突破・全面展開」という言い方をしています。

人と場所とお金、期間とかを決めていないのは夢ですね。誰がどのように何をという、目的、方法論、組織を明らかにする。これをやっていかないと物事は成就しない。そのために、やるときには一点突破がいいと思います。そして理論より行動というのが「地元学」です。40点主義です。理論は100点を目指すから、なかなか行動できない。行動は40点からでいいんです。

## 7　ばかん巣プロジェクトのこと

ばかん巣プロジェクトのことを説明します。

最近、少し怒っていることがあります。例えばガーデニングという言葉を皆さん聞かれたかと思いますが、明治の初期にイギリスのイザベラ・バード女史が、山形とかを旅したときに、日本人は朝から晩まで働いて世界で一番美しい国を造っているとイギリスに紹介し、影響を与えたのがガーデニングです。ゆえにイギリスのガーデニングは日本の農村風景であって、決して庭ではないのに、まだ、アホな日本人がガーデニングをイギリスで学んで、テレビで庭いじりをやっている。そんな姿を見ていませんか。

何をやっているんですかね。何で日本の農村に足を運ばないのか。何かおかしい。パーマ・カルチャーもそうですね。ビル・モリソンという人がオーストラリアでやっています。パーマネント・アグリカルチャーを略した言葉ですが、これは愛媛にいる福岡正信さんのやっていることを英語にしただけです。でも、何で福岡正信さんのところに行かないでオーストラリアに行くのか。

それと知り合いの造園家・白井隆さんが教えてくれたんですが、インドネシアのバリ島に「ホテル・アマンダリ」があります。大体1泊7万5,000円ぐらいします。世界でトップクラスの評価を維持しているホテルですが、実

は棚田にあり、棚田の耕作放棄地の田んぼをホテルが買い占め、村の人にタダで貸して作った米は村の人のものです。ホテルの風景は米作りであるということです。

棚田の真ん中をつっきって川のそばのヒンドゥーのお寺に行く道がある。村の人が祈りに通う。それに直交するようにホテルがある。村の人が通う祈りの道がホテルの風景である。3つ目、そこで働く9割の人が地元の集落の人です。その集落の人にホテルが社員教育をしています。それは、この村の生活文化を素晴らしいという教育なんです。この3つです。①米作り、②祈り、③生活文化が素晴らしい。こんなもの日本のどこでもできるじゃないか、地域の個性を把握し、もてなしと地域の食材を生活文化でしっかり表現したらできるではないか、そう思いました。でも、これも20年ほど前に鹿児島県牧園町妙見温泉にある雅叙苑の田島さんがやっていたんです。

最近私が思うこと、夢見ることは、それぞれの地域の生活文化で日本という地域をつくりたいということです。呼びかけ文をつくりましたので紹介します。

●ばかん巣プロジェクト

遊びを決めてから仕事する。夢を語れ。日本を探せ、それぞれの日本という地域をつくれ、ヒトがヒトとして生きる場をつくれ。「ばかん巣」プロジェクトを発動する。

へき地、辺境、どん詰まり、そこにある日本、痕跡のある日本。「日本人には日本が足りないねぇ」とコマーシャルが流れたのはいつだったのか。そこには青い目のお女将さんが和服で歩いていた。山形の温泉旅館である。帰国子女が増えてきた。長い外国暮らし、特に子供時代を海外で過ごした彼や彼女たち、そこには日本探しが始まっているようだ。

一万ドルの年間所得をとっくの昔に超え、世界の富の1／6を生み出す日本経済。豊かさを手に入れた私たち、でも幸せになったのだろうか。遠いところに幸せがあると思い、海外に学んできた私たち、お手本を外に求めた私

たち。明治の初期に日本を旅したイザベラ・バード女史は語っている。「世界で一番美しい国だ」と。それは東北の農村風景である。イギリスに紹介し、ガーデニングに大きな影響を与えた。イギリスのガーデニングとは実は日本の農村風景なのである。でも、まだ私たちはガーデニングをイギリスに学んでいる。日本の農村には足を運ばない。もういい加減にして、日本に学びたいもの、日本は日本なのだから。

　水俣に海抜500ｍの高原がある。そこに石飛と呼ばれる開拓の村があり、無農薬有機栽培の紅茶づくりをしている天野茂くん、浩くん親子がいる。製茶工場の一角に囲炉裏が切られ、焚き火に人が集まる。火を見ながら、飲んだり食べたり、語ったり、何かをつくったりしている。若者たちも全国各地からやってくる。「好きな場所、自分の時間、自分の人生を楽しむ」ためにやってくる。太陽や月や星、海、樹木、野菜、米、川の時間など、さまざまな時が流れている。太陽の出ている時、眠っている間が体の時間を心地よく刻んでいる。

　天野茂くんは語る。

　「ここに来たら、いろんなことは忘れればいい。バカの王様たちが集まればいい」水俣病認定患者で網元の杉本栄子さんは教えてくれた。「人間ばかり相手すると狂うばい」。

　ドイツに住んでいる森紅さんはチュービンゲン大学に進む前の半年、ここで過ごした。母親は「娘を丸ごと受け入れてくれたことが彼女を大きくしてくれたようです」と手紙で伝えてきた。

　人が人としてあるがままに存在すること、それはリゾートと呼ばれる人の本能のようなもの、400万年もの長い間、森に過ごした生き物としてのヒトが求める根源である。

　ここが日本という風の景、光の景、水の景、土の景のなかで、ヒトがヒトに戻り生きること、時と間を過ごすバカンスでありたい。ばかな人たちの集まる巣窟をつくり、それぞれの日本という地域をつくる、「ばかん巣プロジェクト」を発動する。

## おわりに

　私たちは大きな町を大きいと思って来ました。しかし、そこには大量に専門化され、分けられ細かくなっていった人が住んでいました。田舎は小さいと思っていたけれども、しかし田舎には統合された暮らしがありました。分けたら集めなければいけません。町は分けるばかりです。心も千々に切れ切れになってしまいます。しかし、田舎には哲学やら生活で統合された暮らしがあるとときどき思います。

　このプロジェクトは特に町の危機的な子どもたちに対してのメッセージでもあるわけです。三重県のあちこちに「三重ふるさと学」で歩かせてもらいました。可能性のあるところだと私は思いましたが、それには足元と自分の力を自分で確認して、大きな話ではなくて足元の小さな暮らしを発見していくことしか始まらない。そこからしか行動は始まらないと思うんです。まず自分がやって自分が元気になること、自分たちでやるにはそれしかないだろうと思います。

　　※水俣の「村丸ごと生活博物館」の取り組みは「平成17年度農村水産祭むらづ
　　　くり部門」で農林水産大臣賞を受賞した。

# Ⅳ

# 制度的側面からみた地域再生の支援

白石　克孝（龍谷大学）

　　はじめに

　皆さん、こんにちは。ご紹介いただきました龍谷大学の白石と申します。私は行政学、政治学を専門に勉強しており、主催者の一員であります龍谷大学ＬＯＲＣの研究員を務めております。今日は制度的側面から見た地域再生の支援についてお話ししたいと思います。

　現代の地域再生にとって参加とパートナーシップ（協働）は欠かせない要素となっています。最初にこの点について考えてみましょう。いわゆる「小さな政府」を実現するために住民の参加とパートナーシップが必要だという議論が行政サイドでなされることがあります。では、税収も予算もふんだんにあれば、参加とパートナーシップはその重要性を減じるのでしょうか。もちろんそうではありません。行政のスリム化とは全く別の次元で、地域再生には参加とパートナーシップが必要とされていることに気がつかなくてはなりません。

　これからの日本において経済や人口が右肩上がりに増大するということは

考えられなくなっています。従来までの地域政策の物差しからすれば、経済成長や人口増加が地域の発展を示すものでしたから、これからはほとんどの地域が「停滞」の状況に陥ることになってしまいます。成長から成熟に移行したこれからの時代において、これまでの物差しとは違う地域の力や豊かさの測り方が必要になります。

私はアメリカやEU加盟諸国の地域調査を続けていますが、経済指標からすれば同様な困難を抱えた地域のはずなのに、実際の印象は地域ごとに大きく異なっています。ある所ではむしろ落ち着いた感じすらし、別のある所では荒れ果てた感じがし、もっともひどい所では身の危険を意識してしまいます。もちろん地域経済の重要性を否定することはできませんが、地域経済の状況が必ずしも暮らしやすさや安全性の決定要因ではないことを物語っているように思われます。

地域の人々が様々な結びつきを持ち、地域の困難に立ち向かう社会的な力を持っている地域と、地域の住人が困難にいきなり「弧人」として直面せざるを得ない地域と、そうした違いが地域間の相違となってあらわれているというのが私の調査先での実感です。

## 1 地域再生政策とパートナーシップ

3人の講演者の方々からは、地域の再生というのは、いわゆる目玉プロジェクトや目玉イベントによってもたらされるのではなく、あるいは単なる経済振興策として追求されるのではなく、もっと人々の関与と努力が求められるような、そして人々の結びつきが強くなるような、そんな人と社会の掘り起こしをともなう取り組みであることが分かります。人々が地域に対する誇りや自信を回復すること、そして地域の課題に向き合うこと、この両方が組み込まれているような政策と政策過程こそが地域再生政策に欠かせないのです。

参加とパートナーシップが地域再生政策に求められるのは、多様で活き活

きとした人々の結びつき（地域内だけでなく地域を飛び越えたものも含めて）を構築すること、地域課題の地域にふさわしい解決方法をさぐりつつ、地域社会とその構成員が誇りを持って課題の解決に関与すること、そうした主体としての関わり抜きにはあらゆる政策が実際的インパクトを持ち得ないからです。

　さて、日本で私たちが持っているパートナーシップのイメージは、おそらくアメリカやイギリスの事例の紹介、それも初期のパートナーシップ事例を紹介された際につくられたイメージなのではないかと思います。それは自治体とＮＰＯが１つの事業にパートナーとして取り組む、すなわち個別事業をベースとした２者パートナーシップが私たちのパートナーシップイメージであると思います。

　その結果、自治体が特定のＮＰＯに１つの事業を委託するというスタイルが、日本で最も一般的なパートナーシップ型事業となっています。私たちが日本に導入しようとＮＰＯなどの事例や仕組みを参照した時から、当のアメリカやイギリスではすでに相当の月日がたっています。パートナーシップのありかたが全く不変のはずがありません。いろいろなチャレンジをその後にしています。参加とパートナーシップに支えられて地域再生をすすめることに関して日本は後発組です。アメリカやイギリスにおけるパートナーシップの展開について、今なお参照すべき意味があると考えます。時間の都合もありますので、今日は、イギリスにおけるパートナーシップの枠組みの変化と地域再生支援の制度についてお話ししたいと思います。

　３人の講演者の方々が自分たちのまさに足元で起こしてきた出来事について、わかりやすく感動的に紹介されました。どうやったら私たちは、こうした感動的な出来事をそれぞれの地域でつくりあげ、もっともっと広げていくことができるのでしょうか。どうやったら私たちは、参加とパートナーシップを地域政策のなかに根付かせることができるのでしょうか。

　行政の皆さんは「住民の意識」ということを往々にして指摘されますが、私の研究領域の故でしょうか、私はまずもって制度が参加とパートナーシッ

プに親和的でないということが大きな問題なのではないかと感じます。今日の講演者の皆さんがおしゃってきたように、参加とパートナーシップを進めるためには、理念より具体的な課題を前に出すことが鍵だと思います。具体的な課題を発見するということ、やはりこれが最初に必要になってきます。具体的な課題を見出そうとすることを、参加とパートナーシップによってそれを解決しようとすることを、刺激するような制度が必要です。私はそれが包括補助金型の地域再生予算だと考えています。

## 2　イギリスにおける包括補助金の経験

　イギリスを例にとって包括補助金型の地域再生予算制度についてお話しいたします。過去10年の間に、イギリスでは、経済政策、地域の社会的課題の解決、衰退地域の再生など、さまざまな課題ベースのパートナーシップを促す包括補助金（交付金の場合もありますが、以下では補助金と呼称します）の地域再生予算制度が活用されてきました。地方自治体はパートナーシップに依拠して計画立案と申請をしないと、ＥＵからの資金も、政府からの資金も受けることができません。パートナーシップというアプローチが地域の課題解決に最も有効であり、パートナーシップの発展を促す制度として包括補助金型の地域再生予算が最も機能的であるという認識が一般化しています。

　例えば、貧困問題の厳しい地域をどうやって改善をするかという課題を考えるとします。雇用の場を創出することが重要になるのはもちろんです。そこでは教育や職業訓練もいるでしょう。荒れ果てた住環境が改善されることが必要かもしれません。治安を回復することが必要かもしれません。子どもが安心して遊べる場所が必要かもしれません。いずれにしても統合的で総合的な政策が必要になります。これらの諸政策を組み合わせて地域の貧困という課題を解決しようとして組まれるのが課題ベースのパートナーシップです。

　課題解決のための多様で戦略的な政策を実施しようとすれば、個別事業ごとに単年度で補助金や予算がついたり、つかなかったりする従来型の予算で

はうまくいきません。そのために導入されたのが包括補助金型の地域再生予算です。ある課題の解決に際してその地域にふさわしい解決方法であたるためには、その地域の人たちと行政や専門家が話し合って、政策のリストと優先順位づけ、具体的な予算配分を地域で決めることができるような地域再生予算の制度が必要となるのです。

　こうした使途目的が特定・個別の事業に限定されない課題ベースの包括補助金型の地域再生予算は、自治体、ＮＰＯ、コミュニティ組織、あるいは事業者など、多様な地域主体の参加とパートナーシップによる政策の形成と実施を要件としています。こうした過程を経験することで、地域の主体の力量が高まり、主体間のパートナーシップの経験が積み重ねられます。また自治体職員に発想法の転換を迫ることになるという重要な意味も持ちます。

　イギリスにおいて大きなインパクトをもった最初の本格的な課題ベースの包括補助金型の地域再生予算は、保守党のメージャー政権が1994年につくった単一地域再生予算（Single Regeneration Budget, SRB）チャレンジファンドでした。単一地域再生予算は環境省、内務省、教育省、貿易産業省、雇用省の５省庁（省庁名称はいずれも当時）に縦割りに計上されていた地域再生関連予算の20の補助金を統合し、環境省が所管となって運用する形でスタートしました。

　補助金を申請するには事業計画が単一地域再生予算の目的、すなわち、①地域住民の雇用機会が拡大し、教育・技能が向上すること、②社会的な差別に対処し、社会的弱者の機会平等を確保すること、③持続可能な地域再生を促進し、環境を保護し、更に住宅を含む社会資本を整備すること、④地域の経済組織及び企業の成長を支援し促進すること、⑤犯罪や薬物の乱用を減少させ、コミュニティの治安を改善すること、に適合することが求められていました。まさに地域再生を求めるための包括補助金制度でした。

　単一地域再生予算の最大の特徴は自治体単独では予算獲得できない申請の仕組みを導入したことだと思います。地域でパートナーシップを組んで、いろいろな人たちを集めて、地域再生のためにどんな事業を、どういう順番で、

どうやってやろうかという形でまとめて、それをこの地域の問題解決のやり方ですという形で申請するのです。競争的な申請の方式であり、金額も一律ではありません。期間は1年から7年と計画に合わせた柔軟な設定をすることができます。

同様なやり方をとっているもっと規模の大きな予算として、EUの構造政策にもとづく地域再生予算があります。欧州委員会の地域政策総局は構造基金を用いて、構造的な問題によって引き起こされている経済的な困難や衰退に直面している地域に対して、内発的な経済開発や雇用・技能訓練を促進する構造政策を進めています。この構造政策の中心をなしているのは政策目的1～3とよばれる包括補助金であり、その中でも政策目的1と2は地域の経済的困難度に応じてその申請資格が定められています。

政策目的1と2による構造基金を申請する単位はリージョン（地域の意味）とよばれ、イギリスの場合は複数の地方自治体にまたがるエリアとなっています。このリージョンを単位として単一計画文書をつくり、EUに対して予算を申請します。経済的な困難の克服という課題は、市町村を単位として解決できると考えていないからです。ここでは自治体と民間だけでなく、自治体間のパートナーシップというのもとても大切になります。政府と自治体あるいは自治体間のパートナーシップの中で地域政策の政策リストと優先順位を決めていく経験は、パートナーシップと地域再生の戦略的な政策思考とを育む場となりました。

## 3　ブレア政権による地域再生予算の展開

包括補助金型の地域再生予算を構想する上で非常に重要だと思うのは、それぞれの課題にふさわしい地域サイズがあり、それぞれのサイズと課題にあわせたパートナーつまりパートナーシップの参加者がいるということです。ある課題を解決するために、どの範囲が対象となることが適切なのか、どこが動く必要があるのか、そこが重要な問題なのです。

1997年に誕生したブレア労働党政権は、包括補助金型の予算が地域再生を支援する制度として有効であるとの認識を引き継ぎ、さらに多様な地域再生予算制度を導入していきます。

　最初に導入したのが1999年のコミュニティ・ニューディール資金（New Deal for Communities）という荒廃地域への包括補助金制度です。これはイングランドの荒廃地域が抱える諸問題に対処するために、重点的な資金投資を通じて問題の解決を図ろうとする制度で、近隣地区に基盤（適正規模として1000世帯から4000世帯を想定）を置くパートナーシップが補助金の交付対象とされています。

　またもっと小さな金額の包括補助金型のコミュニティ支援の制度として、コミュニティ基金（Community Chest）、コミュニティ・ラーニング基金（Community Learning Chest）、コミュニティ・エンパワーメント資金（Community Empowerment Fund）がその後導入されています。いずれも地域の人々が小さな事業を立ち上げることを念頭においています。

　ブレア政権は1999年度の第6期募集で単一地域再生予算の募集を打ち切り、新たな地域再生への支援制度を打ち出しました。単一再生予算がもっていた地域開発や経済政策にかかわる機能は単一予算（Single Budget）に引き継がれ、地域再生に関わる機能は先ほど紹介した一連の予算に引き継がれました。

　単一予算は2002年に導入されたもので、これまで各省庁が地域開発エージェンシー（Regional Development Agency、ＥＵのリージョンよりもさらに広域なエリアをカバー）に配分していた11の補助金を1つの予算に統合し、人口、失業率等を考慮した一定の算定式に基づき予算配分をすることとなりました。地域開発エージェンシーは、もっぱら地域開発、経済政策に携わる機関となり、各管轄地域の実状に応じて経済開発の優先順位を決定し、自らが必要と判断した地域再生事業に対して自由に予算を支出することが可能となりました。自治体などによる開発補助金の申請は地域開発エージェンシーに対して行われ、協議の結果、助成対象となり得ると判断された事業に限り申請でき

る仕組みとなりました。もちろん地域開発エージェンシーの計画立案にはパートナーシップによる協議が必要とされていますし、自治体などの申請もパートナーシップが要件となっています。

　それでは改めて包括補助金型の地域再生予算の特徴をまとめてみましょう。包括補助型の地域再生予算でもっとも重要なことは、パートナーシップをベースとした協議による政策形成と予算申請、そして実施が求められていることです。この仕掛けの導入によって、アメリカでもイギリスでもＮＰＯやコミュニティ組織の数や活力を増大させる刺激となりました。包括補助予算が導入された政策課題やエリアでは急速にパートナーシップのパートナーが増えていきます。実際にパートナーシップ型の政策立案や実施の経験を積むことによって、行政も含めたパートナーの関係はよりよい方向に変わっていきます。

　包括補助金型の地域再生予算に共通しているのは、柔軟で有効な運用が可能なように、単年度ではなく複数年にわたった予算申請をさせることです。これによって中期的な展望で政策を進めることができるようになります。お金も毎年一緒ではなくて、例えば、初年度に建物を建てるプロジェクトがあるので、最初が大きくて後は少なくなるといったことができます。前年度を踏襲した予算の組み方をしないのです。

　包括補助金型の地域再生予算は補助金である以上、例えば５割の補助率ならば、残りの５割のお金をどうやって集めるかが当然問題となります。地方自治体が資金を出すだけでなく、みんなが出資をしたり、民間企業がお金を出したり、いろいろな工夫でお金をねん出します。ＥＵ諸国ではこれをマッチング・ファンド方式とよんでいます。日本の補助金のようにはうるさいことはいいませんから、ＥＵや政府あるいは宝くじなど、いろいろな形でとってきた他の補助金を組み合わせることもできます。そうやって事業計画だけでなく、マッチング・ファンドを議論するプロセスでもまた、個別プロジェクトの内容や組み合わせ方、優先順位についての合意の形成が進んでいくのです。本当に必要と考えられる事業に予算が割り当てられることにもなりま

す。

　ただ競争的な予算獲得やマッチング・ファンドにも問題点はあります。成果を上げられる条件が整ったところに予算資源を配分するというのは、薄く広くばらまくよりもずっと効率的で成果の期待できる予算運用ではありますが、荒廃し困難を抱えた近隣地域の地域再生に確実に予算が投下され、成果をあげるということに繋がらない危険性があるからです。

　イングランドでは最も荒廃が著しいと判断された88の地方自治体に対して、集中的な財政支援を行う包括交付金型（したがってマッチング・ファンドは必要ありません）の地域再生予算制度として、2001年より近隣地域再生基金（Neighborhood Renewal Fund, NRF）が設けられました。使途が限定されない包括予算であるのはこれまでの地域再生のための制度と同様ですが、競争原理を取り入れた申請方式ではなく、荒廃地域の人口規模などを含んだ一定の計算式に基いて機械的に交付金額が算定・配分されているのが特徴です。

## 4　地域戦略パートナーシップ

　イギリスでは様々な課題＝政策領域ごとにパートナーシップの関係が形成されていきました。そのうちにパートナーシップ負荷という言葉が生まれます。広域的なもの、スポットで使うようなもの、いろんな包括補助金型の地域再生予算があり、それぞれにパートナーシップが求められることによって、多様で輻輳したパートナーシップの関係ができて、何かを進める際に重荷になってしまうような状況になってしまったのです。それらを整理して、より戦略的に地域の人的、資金的資源を使っていこうという発想が生まれました。様々な地域政策分野で築かれたパートナーシップ関係がシナジー効果を生む、それが地域戦略パートナーシップ（Local Strategic Partnership、LSP）という考え方です。2001年より導入され始めた、真新しい制度です。

　先ほど紹介した近隣地域再生資金は、交付金を受け取る地区は、地域戦略パートナーシップに参加するとともに、地域戦略パートナーシップが策定す

る近隣地域再生戦略に事業内容を合致させることが求められます。地域が全体として荒廃近隣地域に関わることを促進し、相互に連関しあった戦略的な政策の立案を求める制度趣旨になっています。

　地域戦略パートナーシップは構想でもあり組織体でもあります。地域戦略パートナーシップを担う組織体は、自治体をエリアとして作られることが多く、そのエリアで活動する様々なパートナーが入るように組織されます。コミュニティ組織の代表とか、民間企業、ＮＰＯ（ボランタリー組織）、人種だとか宗教を代表する団体も入ります。そして議員はもちろん、自治体や政府機関などの様々な公的機関も入ります。また商工会議所や民間事業者も参加しています。全体としての戦略を練る組織の他に、大きな政策課題別のサブ・パートナーシップ組織、衰退や困難を抱えている地区を対象とした地区パートナーシップ組織を作るのが一般的です。

　非常にユニークなのは、これらパートナーシップ組織体が何か事業を執行する権限を持っていたり、自前の事業予算をもったりしているわけではないことです。例えば議会と自治体に働きかけて、地域にある政府機関に働きかけて、そこが進めているサービスや主要な施策がコミュニティ戦略とちゃんと合致するようにしようとするやり方をします。

　地域戦略パートナーシップは「コミュニティ戦略」という名称でよばれる戦略的地域計画を取りまとめる役割が課されています。それぞれの課題ベースのパートナーシップ間の政策の整合性を取って無駄を省き、当該地域の将来についての戦略的な方向性を決めるものです。地域の戦略目標について合意を形成し、パートナーとして参加するそれぞれの組織や公的機関の予算や政策がその方向性に沿うようにしようとすることは、とても大胆な試みです。

　イギリスではパートナーシップに依拠して地域再生を進めることのコンセンサスはできているのですが、政府機関や自治体が持っている一般的な予算全体を、地域戦略パートナーシップの議論に基づいて、地域が本当に必要と思っているところにきちんと優先的に割り振られていくようにしようというのは、文字通り大胆な社会実験です。地域戦略パートナーシップの取り組み

はまだ始まったばかりで、成功か失敗かを評価する段階にはありませんが、たとえ少数でも成功事例が生まれれば、それは地方自治にとって画期的な出来事となると思います。

　最後に、ローカル・コンパクト（地域盟約）について簡単に紹介して話を終わります。いまイングランドでは、自治体とＮＰＯ（イギリスでの呼称はボランタリー組織）とコミュニティ組織の代表が、地域の中でローカル・コンパクトを結ぶことが求められています。最低限の署名者がこれら３者ということで、もっと多様な署名者が入る場合も少なくありません。ローカル・コンパクトは、多くの場合、地域課題をパートナーシップで解決していこう、それぞれが互いの役割を認めよう、そういう内容をもりこんだ文書を話し合って作成し、代表者が署名して公表する形で締結されます。ローカル・コンパクトの文書の内容は理念的な取り交わしのケースが多いようですが、もっと実践的なパートナーシップや相互支援の仕組みをもりこんでいるケースもあります。

　地域再生に関わるパートナーシップのあり方が地域戦略パートナーシップのような形にまで発展しようとしているわけですから、地域の公共政策をになう主体のあり方も、公共という考え方も変化せざるを得ません。それを確認しようとする試みがローカル・コンパクトの締結といって差し支えないと思います。

　いま世界中どこでも地域再生を進めるためのパートナーシップを発展させようという議論になっています。本日の３人の講演者の方々がおっしゃられたように、パートナーシップは自分たちの地域の持っている課題と資源を発見して、それをきちんと政策化するために必要なものなのです。パートナーシップというのは、行政が「減量経営」の手法として地域の皆さんのお金と力を借りたいから必要なのではなく、地域の発展のための物事の決め方、進め方を新しい手法で実現するために必要だ、というのが現段階での到達点です。この一点をお示しするために、長々とイギリスのパートナーシップのあり方の変遷についてお話ししてきまた。

府県や市町村がいかなる地域再生のアプローチをするのかは、これからの日本の方向性を決定づけると言っても過言ではありません。多様で活き活きとした人々の結びつきに依拠した地域再生を進めることがとても重要です。三重県の職員や議員の皆さんが、日本でもローカル・コンパクトが結べるような成熟したパートナーシップの関係をつくりたいね、地域戦略パートナーシップが形成できるぐらいの蓄積ができるようにしたいね、そんな話をしながら、今の三重県にあった包括補助金型の地域再生予算制度の設計をしていくことがとても重要なのではないかと思います。

# V

# 地域の技術システムと
# こころの再生
～再生可能エネルギーの視点から～

堀尾　正靱（東京農工大学）

はじめに

○ふるさとはいまどこに？
　「兎（うさぎ）追いしかの山／小鮒（こぶな）つりしかの川」の歌[1]にふるさとを思いながら、かつて、田舎から都会に出ていった人々は、技術力や経済力では世界で屈指の存在となった今日のわが国を準備し、「近代」の構築にまい進しました。包容力のあるおおきな「ふるさと」は日本の近代化の支えでした。しかしいま、そのようなおおきなふるさとはどこにあるのでしょう。わたしたちは豊かな生活と利便性を求めて、水道を引き、下水道をつくり、道路をつくり、電気を普及させて、社会的な技術システムを構築してきました。1950年代まで、田舎とはそういうものが完備していないところでした。「しかられて」という歌[2]があります。「叱（しか）られて／叱られて／あの子は町まで／お使いに／この子は坊やを／ねんねしな／夕べさみしい／村はずれ／こんときつねが／なきゃせぬか」。街灯がないさみしい村のイメージではありますが、それでもそれは、ふるさとを持たない都市の第2第3世代

にとってさえ、なおふるさとの存在を思わせるものでした。いま、過疎という問題を除けば、村にそのようなさみしさはありません。

  1)「故郷」、高野辰之作詞、岡野貞一作曲；文部省唱歌（小学6年；1914年（大正3年）作）
  2)「叱られて」、清水かつら作詞、弘田龍太郎作曲（1920年（大正9年）作）

## ○心の居場所を体系化した大正

詩人室生犀星に「寂しき春」という、声に出して読めるすばらしい作品があります。

  したたり止まぬ　日のひかり
  うつうつまわる　水ぐるま
  あおぞらに
  越後の山も見ゆるぞ
  さびしいぞ

  一日もの言はず
  野にいでてあゆめば
  菜種のはなは
  遠きかなたに波を作りて
  いまははや
  しんにさびしいぞ

これは、「ふるさとはとおきにありておもふもの／そしてさみしくうたふもの」とその後東京で歌った犀星が、まだ故郷にいて、都会的な頭脳の回転をもちながらそれから隔絶された美しくもさびしい田舎にいる青年の心を歌ったもの（1918年（大正7年））です。

これらの歌や詩は大正期の傑作です。明治維新に始まる日本の近代化は、

約50年後むかえた大正期に、ようやく、「近代化の牽引車としての都市とそれを支援する大きな田舎」という構図を、文化として、上のような歌や詩に表現することができました。雑誌「赤い鳥」はその旗手でした。いまになって思えばこのようなしっかりとした形で表現された大正のこころがあったからこそ、昭和という、戦争と戦後の高度成長という狂気と怒涛の時代を、人々は生きぬけたのではないかと思います。大正は昭和の国民国家日本にとって、時間軸上の心のふるさとであったといっていいのではないかと思うのです。

近代化の中で、さらに、日本は、科学・技術の面でも、次第にすぐれた水準を実現していきます。また、社会・労働問題の分野で深刻な対立をかかえていったことはご承知のとおりです。明治末期から大正時代に至る東北で、そのような時代の展開を敏感に受け止めて育ち、盛岡高等農林学校（現在の岩手大学農学部）に学ぶ理系人間でもあった宮沢賢治は、都会に出るのではなく、大きな古い農村を、新しい自立的な文化をもったすばらしい場所に作り変え、都市と農村、農業と工業、科学技術と心の文化といったすべての対立を統一するためのイメージを開拓しました。宮沢賢治は書きました（農民芸術概論；1926年（大正15/昭和元年））。

……おお朋だちよ／いっしょに正しい力を併せ／われらのすべての田園とわれらのすべての生活を一つ巨きな第四次元の芸術に作り上げようではないか……

　まずもろともにかがやく宇宙の微塵となりて無方の空にちらばらう
　　　（中略）
　ここは銀河の空間の太陽日本／陸中国の野原である
　青い松並／萱の花／古いみちのくの断片を保て
　　　（以下略）

○高度成長が破壊してきた心の居場所

しかし、敗戦と戦後の高度成長は、人々の予想を超える速さで日本を作り変え、田舎は都会化・利便化し、また、農的なものは、GDPにおいても人口

においても、工的なもの都会的なものに圧倒されてフェードアウトしてしまったのです。美しい自然が息づいていた郊外の田舎は次々に宅地化され、どこまでも都会が続くようになりました。植物採集で野山を歩き、また大学時代にはよく自転車で名古屋の近郊を散策していたわたしは、1960年代から70年代にかけて、美しいため池が次々に埋め立てられ、あるときは追い詰められた無数の亀が無残に残された池の残骸の水溜りにいる情景や、廃棄物で埋まった赤茶けた池にカイツブリが一羽泳いでいる目を覆うような情景に出会いました。赤や黄色、紫色の小さなランやサギソウが自生していた湿地帯（名古屋市名東区）も、大学時代に父母と散歩した谷田やあぜ道（天白区）も、いまやすべて姿を消し、かつての存在さえもまったく忘れられてしまいました。わたしのポスドク時代にいた平針の官舎の裏には、鴨の来る池を取り巻いて２時間ほど散歩のできる里山がありました。長男を連れて何度も何度も歩いた場所でしたが、官舎を出てから１－２年後ののち、家族で行ってみたことがあります。その地域一帯がすっかり整地され広大な分譲地になっていました。わたしたちは思い出が傷つかないよう急いでそこを去りました。いまになって、心の居場所をなくしつづけ、心にきずを受けつづけてきた自分に気づきます。これは、わたしだけのことではなかったのだろうと思います。

　わたしたちはいま、ふるさとを失ったあとの時代の中にいます。開発自体が悪であったといいたいのではありません。これまでの開発が、その中にふるさとを息づかせるような視点なしに行われ、その土地に生えていた木にも草にも池にも石にも敬意を払わず、完膚なきまでに土地の新規造成を行ってきたことが問題なのです。田舎においてさえ、都会的なコンビニや利便性だけがまかり通り、本当の心地よさとは何かの視点がなくなってしまったのです。ふるさとのイメージそのものがない、きずついたあとの時代です。

○心地よいまちの社会的技術システムとは
　ほおっておけば、いまあるいろいろな自然的・歴史的資産はさらに破壊され、「心の居場所」は、つぎつぎに再生のチャンスを奪われ、絶滅に追い込

まれていくことでしょう。「心地良いまち」とは「心の居場所のあふれた町」であると思います。近代化第一主義に基づく画一的な社会的技術システムは、その展開過程でわたしたちの心の居場所をつぎつぎに破壊してきたのですが、いま、たくさんの人々が、全国各地で「暮らしに根ざした心地良いまち」をつくっていくことがいかに重要かということに気づき始めています。近代化というものへの戦後日本的なアプローチに対する本格的な反省の必要性が感じられ始めているのです。戦後われわれが開拓してきた石油依存・大量生産・大量消費型の日本的な社会的技術システムからどう脱却するのか、ゴミゼロと再生可能エネルギーへの移行に向けてのあらたな地域づくりをどのように進めるのか、文化・社会から技術まで、やや広いパースペクティブのもとに考えたいと思います。

## 1 社会的技術システム

わたしたちのまちでは、朝から晩まで、いろいろな物質が行きかい、エネルギーが消費されています。行きかう物質からは廃棄物が発生し、まちではそれらの処理も行われてきました。このような物質やエネルギーの流れを担うプロセスシステムを、ここでは「社会的な技術システム」と呼び、次のようなものを含むものとします。
・電力、エネルギー、水、穀物・食料等供給システム
・交通、通信システム
・排水、廃棄物処理システム
・医療・介護システム
・住環境（住宅、公園等）システム
・災害対策・防災・防犯システム

社会的な物流・エネルギー供給・リサイクルシステムには、設備や施設があり、また働く人々がいます。市民自身もいろいろな形でそのシステムの稼動に手を貸しています。それらの設備やプロセスには、装置、材料、処理の

手順、安全基準を満たす条件など、それぞれ対応した技術があります。社会的技術システムは基本的に技術的なプロセスシステムなのです。

## 2　これまでの社会的技術システムの前提が崩れつつある

### ○システムはとしをとる

　現在うまく動いていたとしても、社会的技術システムもわたしたちと同様に次第にとしとっていきます。いろいろな不都合が発生するようになり、場合によっては危険性も増加します。一方で、まちのニーズも変化します。いまある社会的技術システムがその導入時に想定していたニーズやシナリオは、まちや社会の変化に伴い、変更を余儀なくされることがあります。もちろん、技術的なオプションも年ごとに多様になっていきます。新しいシナリオを設定しつつ、技術進歩や多様化したオプションをいかして、未来を見すえながら、システムの構成の変更や要素の新調を行わなければなりません。

　いまわたしたちの未来を考えるとき、およそ50年間に作り上げられてきた現代の社会的技術システムには大きな前提条件があることに気づきます。それは、石油依存型社会、近代化・利便性増進という前提です。しかし、ご承知のように、いま、これらの前提は崩壊し、石油文明からの脱却、あるいは循環社会の実現、という課題が現実的なものになろうとしているのです。つまり、施設や技術がとしをとっただけでなく、その背景にあった前提条件や住民と行政の間の暗黙の合意自体がとしをとってしまったのです。

### ○資源・環境問題の深刻化

　2005年2月16日、ロシアの批准によって温暖化ガス削減に関する京都議定書が発効しました。最近の台風の頻発や大型化は海面温度の上昇によるといわれています。地球温暖化自体については、なおその真偽の議論もありえますが、起こってしまってからでは遅い話です。世界各国が協力して化石燃料の消費を減らし、再生可能エネルギーによるその代替を進めようとしてい

ることは、拡大一本やりでいままで来た生産と消費のありようを人類の知恵でなんとか調節しようという、おおきな価値を持つ歴史的な試みです。

　おりしも、イラク戦争の泥沼化、中国をはじめとするアジア各国経済の急成長、アメリカの石油基地であるルイジアナ州の台風災害、などの短中期的要因と、石油資源自体の長期的枯渇傾向が重なって、石油価格は、短期的なアップ・ダウンの範囲をこえて急上昇しつつあります。原子力発電については、度重なった事故による安全神話の崩壊と、高レベル廃棄物の蓄積という本質的な問題に解決のめどが立っていないこともあいまって、今後その大きな増大を見込むことは困難だといわれています。こうして、石油に基づいたエネルギー・材料技術体系への移行、ふんだんな石油の使用を前提とした広域物流とグローバリゼーションという20世紀の大きな流れはいやおうなく重大な見直しの時期に入ろうとしています。

## ○20世紀文明への反省の必要性

　石油時代への移行とともに、公共的な技術システムの領域では、近代化や利便性の増進を第一義に掲げて、大規模送電網の整備、道路網の整備、河川改修、廃棄物処理システム整備などが全国で進められました。日本全国どこにでもくるまでいけるようになりました。これにより、国民経済のいっそうの統合や地域交流のあらたな条件が整ってきたといえます。しかし一方で、全国いたるところで、川の両岸はコンクリートやブロックで覆われ、多くの新興住宅地が造成された一方、憩いの場としての水辺・心のふるさととしての川は失われました。ガードレールとくもの巣のような電線で醜く覆われ、道路沿いはどこにでもある大型量販店やファミリーレストランに占拠されて街や村は個性を失い、過疎化や高齢化、商店街のシャッター街化、犯罪の広域化などが進行してしまいました。地域コミュニティが力を失ったのはこれらの日本型20世紀文明の総合的な結果です。いま、「地域の再生」が課題となっていますが、これは、広い意味で20世紀文明の負の遺産をどう解決するかという課題の一環であったということができるのです。京都議定書の約束

期間にどれだけの$CO_2$をどう減らすかということも大切であり、また、ダイオキシンや有害物を出さずにゴミ処理をすることも大切です。しかし、問題は互いに密接に結びついた総合的なものとなっているため、20世紀文明への反省に基づいて新しい持続的な文明のかたちをあきらかにし、地域の役割を新しく定義しなおすことなしには、わたしたちの前に現れている問題を総合的に解決することは困難ではないかと思います。

参考図1　雄大な自然の中の川
（撮影：著者（2005年9月6日、シベリア上空より）

## 3　廃棄物の資源エネルギー利用・再生可能エネルギーの利用はどうなっているか

○多額のコストをかけて「処理」されている大量の廃棄物資源

　廃棄物処理事業においては、平成14年12月をさかいに、全国の処理場にダイオキシン対策が施され、ガス化溶融炉等の高性能システムが津々浦々に普及しました。しかし、同時に、処理施設の維持費は、かつてのそれに比べて数十―数百倍となり、地方財政を圧迫しています。循環型社会形成推進基本法とリサイクル法体系の整備にもかかわらず、現在の廃棄物処理方式は、まだ「廃棄物」という概念に基づいて、公衆衛生の立場から処理することが前提であり、完全な意味での「資源物」利用になりきっていないのが実情です。また、下水処理場においては、活性汚泥処理と汚泥の焼却が行われてい

ますが、ごみの焼却と汚泥の焼却を別々に行う必要があるのかというこえにもかかわらず、ゴミ処理と下水汚泥処理は、管轄官庁の違いから長らく別々に行われてきました。これらの統合的な処理の戦略作りも必要になってきました。いま、エネルギー・地球環境情勢の急展開のなかで、廃棄物処理・廃水処理等の社会的技術システムの前提を再度見直し、未来の姿を描きなおしていくことが大きな課題になっています。

## ○ほとんど利用されていない地域の再生可能エネルギー

再生可能エネルギーとは、太陽エネルギー、風力、水力、バイオマスなど、時間軸の中で比較的短時間に再生される自然エネルギーの総称です。太陽エネルギーは朝日が昇れば再び供給されます。風力や水力も、もともとは太陽エネルギーに起因するものです。太陽エネルギーによって水が蒸発し、高気圧や低気圧ができて風が吹き風力や波力エネルギーとなります。大気の循環によって水は上空に持ち上げられ雲になり、雨をふらせ、川をつくり、位置のエネルギーを持つ水力を生み出します。太陽光で植物が生長し、それを食べて魚や動物が育ち、「バイオマス」ができます。バイオマスとは、生物起源の量的な資源(遺伝子情報などの質的なものでなくマスとしての資源)のことで、バイオマスを燃焼させて得られるエネルギーのことをバイオマスエネルギーと呼んでいます。バイオマスエネルギーは再生可能エネルギーのひとつです。バイオマス燃焼から発生する$CO_2$は、森林や草地の面積が変わらなければ、再び植物の光合成で糖分やセルロースなどに変えられるものであるため、地球温暖化に関係しないニュートラルな$CO_2$にカウントできます(カーボンニュートラルという)。これに対し、石油や石炭などの化石燃料や原子力などは、地下資源を使ってしまえば終わりですから、「再生不可能なエネルギー」ということになります。化石燃料の燃焼から発生する$CO_2$は、数千年から数億年かけて固定された$CO_2$であり、とても現在の植物の光合成による固定能力が追いつける量ではありません。とはいえ、バイオマスの場合にも、回復しにくい熱帯林の伐採や林地の開墾・焼畑化、植林なしの皆伐などをす

れば、再生可能・カーボンニュートラルなどといえなくなることは明らかです。わが国の林は比較的保存されてきましたが、バイオマスのエネルギー利用のシステムが出来上がる将来には、その過度の伐採による第２次大戦中のような禿山化を心配しなければなりません。

　○放置されているバイオマス
　石油時代への移行は、わが国では1958-1973年の間の15年間で行われました。それまで木や竹で作られていたものの多くが、プラスチックに置き換えられ、家庭のエネルギーも木炭や薪などから石油や天然ガス（都市ガス）に取って代わられました。薪炭原料を提供していた雑木林（里山）のおおくが建築用材となる針葉樹林に転換され、日光が地表にまで届き、低性木や下草が多様に育ちやすい明るい広葉樹林は、暗くて下草等が生えにくい針葉樹林に置き換えられました。しかし、わが国の材木は外材に押され、せっかく作った針葉樹林の大半は放置されて現在に至っています。暗い針葉樹林には、鹿などのえさが少ないため、彼らは食料が不足したとき、植林したばかりの苗木を食べたり、いきなり畑地にきて獣害を引き起こしたりしています。
　石油時代への移行とグローバリゼーションのなかで、かつては家庭のエネルギーの主力であった薪炭の利用は激減しました。薪炭業とならんで山を守ってきた林業も、外材と戦う体制がつくれなかったために、著しく後退し、いまや、地方の製材所でも、国産材ではなく輸入された外材が製材されているのが実情です。林業従事者の後継者作りは暗礁に乗り上げており、高齢化がすすみ、いまや限界に達しつつあります。よい針葉樹林を育てるためには、50年、100年のスケールで下枝落しや間伐を行わなければなりませんが、国産材が市場に出ない状況の下では、間伐を行うことも、また間伐した材を山から下ろすことも困難です。前記のようなエネルギー・地球環境情勢をにらむとき、地産のバイオマス利用を掲げ、地域のバイオマス産業としての林業や薪炭業を産業として復興させるべきときが近づいているといえます。さらに、水源涵養、土砂崩れ防止、景観保全などの森林の多面的機能維持の観点

からも、森林系のバイオマス利用をこれ以上なおざりにするわけにはいかなくなっています。

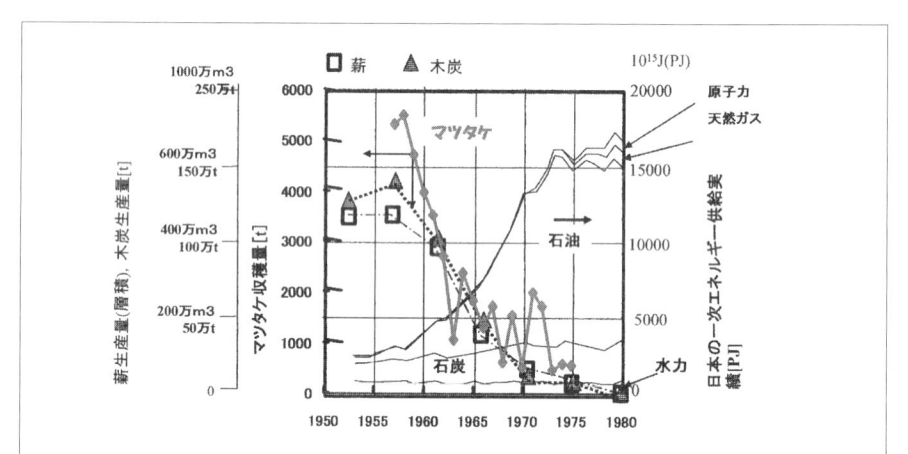

**参考図2　1960年代におけるエネルギー構造の変化とマツタケの生産**

わが国の60年代は驚くべき急激な生活スタイの変化の時期だった。薪や炭の消費量は10分の一以下になり石油ストーブやプロパンガスがこれに取って代わった。興味深いことに、これと平行して、マツタケの生産量が大幅に減っている。この理由は、たきつけ用の下枝とり下草刈りなどに里山に人々が出入りすることが少なくなり、マツタケの生育条件である風通しのよい林地が少なくなっていったことによる。安い石油と現代の利便性を手に入れたわれわれは、伝統的文化と安くて薫り高かったマツタケを失った。

＊　堀尾、バイオマス利用による「持続型社会」の形成、エネルギー・資源、vol.26、pp.193-197（2005）

## 4　社会的技術システムの変革の担い手はどこに？

○成り行きでできてしまったシステム

現在の社会的技術システムは、「地域の人びとが自ら望んで作り上げた」シ

ステムだったのでしょうか。この50年間の急激な社会的・技術的な環境の変化をふりかえれば、その変化のなかで、とりあえず問題を解決しなければならないという状況に追い込まれ、「成り行きによってできてしまった」システムではなかったかと思います。具体的には、高度成長、ごみの急増、ダイオキシン問題のクローズアップ、最終処分場の逼迫、住民の行政不信、科学的知識の不足や検証不可能性、リスクコミュニケーションの不足といった成り行きがありました。それでも何とか様になってきた時期もありました。それは、「近代化」、「豊かで便利な生活」、「利便性」といった暗黙の共通課題があり、しかも先進諸外国にモデルがあったためではないかと思われます。しかし、地球環境問題の進行や国ごとに大きく異なった形で展開している資源問題・廃棄物問題の深刻化によって、これまでの暗黙の共通課題は崩壊し始めています。また、わが国の状況自体が独自で、諸外国にその解決法を簡単に求められるようなものではなくなっていることが重要です。

○自己組織化の産物としての技術システムにおける担い手の大切さ

「社会的技術システム」も「技術システム」一般に共通する特徴を持ちます。技術とは、人間が試行錯誤や創意工夫によって自分の外に作り出した「自己の能力を延長するためのメカニズム」であり、生命を特徴づけている「自己組織化」という活動が人間という水準で発現したものです。当然それは、自己から自己の外への自己のための組織化であり、目的性を持つものです。もちろん、よい技術は、自然法則についてのすぐれた知識や経験なしには成立しません。しかし、強い目的性や意志・欲求、そして強い研究心がなければ、どんなに高水準のパーツを組み合わせたとしても、その技術システムはその利用者にとってより好都合な強力なものにはならないでしょう。社会技術システムの場合も、この点ではまったく同じはずです。社会の自己である地域の市民の意思がどのように形成されているのか、どのように組織化の作業（計画・設計）の中にそれが貫かれているのかという点です。成り行きだけではすぐれたシステムはできないのです。

より合理的な社会的技術システムを実現していくためには、「自ら望むもの」を明らかにし、それを実現していく「担い手」あるいは「社会的技術システムの主体」が必要です。本来ならばそれは、議会であり行政であり、各種の審議会であるといえるでしょう。しかし、なお激動の中にある社会的技術システムの問題は、政治的な対立の中におくのではなく、また、将来の世代へ問題を先送りにするのではなく、できるだけ技術的・社会経済的合理性と最大多数の幸せや安全をめざして解決し、持続的なシステムとして実現すべきものです。また、これまでの行政の縦割り組織が問題の横断的な性格に合わない事態もますますふえています。要するに、社会的技術システムの進化と、それをマネージする組織の進化とが、ダイナミックに相互に関係しあいながら進んでいるのが、現代の状況であるとも言えるでしょう。そのために、これまでの議会や行政システムだけでは十分に対応できない事態もおきているといえます。

○地域の主体の再構築
　そのような状況の下で、いま、多くの人びとが、地球温暖化やごみ問題、そして現代的な便利な生活の行く末を心配し、直接何かをしたいと考えています。実際、行政と住民という不毛な対立構造から脱却し、地域の資源をどう生かすかという立場から、協働して地域の社会的技術システムを見直していくべき時代が来ているのです。しかし、社会的技術システムの本格的解決のためにはいろいろな角度からの専門家の協力も必要です。従来、専門家は行政や産業界からの直接委託や諮問に答える形で、いろいろな問題解決に携わってきました。しかし、そのような形だけではなく、独立した一員として地域の社会的技術システムをより合理的なものに作り変えていくことを望む専門家もふえています。また、地域の住民と行政が信頼関係を回復し、一体となって問題を解決する協働作業ができるようになれば、専門家も対立する一方に加担するのではなく、トータルなソリューションを導く作業に積極的に加わることができると思われます。何かをしたいという人々の思いをひと

つにし、地域のコミュニティを再興し、市民と行政の関係を草の根からの活動を含む重層的な協働（コラボレーション）として再構築し、さらに域学連携（地域と大学の連携）などによる支援をふまえて地域の主体を作り上げることが必要になっているのです。

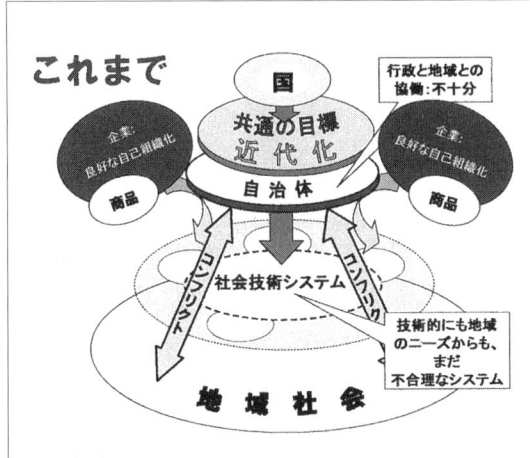

参考図3－1　これまでの社会的技術システムの状況

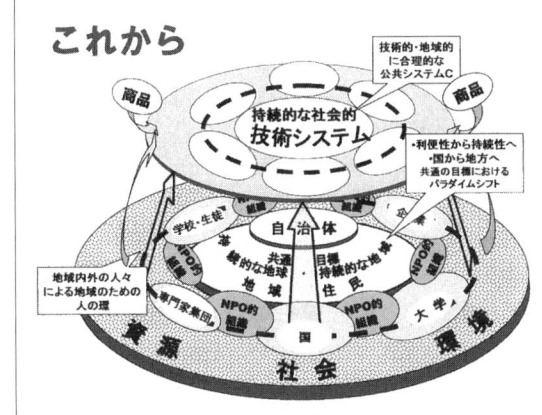

参考図3－2　これからのシステム構築の目標と主体の形成

　これまでの社会的技術システムの展開は、国、自治体、住民に共通する暗黙の目標（近代化）の下に、国の強い指導に支えられて、当然のこととして進められてきた。行政と住民の協働はない場合がほとんどであった。

　技術の本質は自己組織化である。地域の社会技術システムが受け入れる技術要素（商品）はよく自己組織化された企業の生産システムから提供される。これに比べ、地域社会技術システムの自己組織化の程度は十分ではない。よい部品がよい技術システムをつくるかどうかはわからないのである。

　自己組織化にとっては、明確な「主体」の意志と能力の存在が決定的な要因である。地域の技術システムをよく自己組織化していくためには、地域の「主体」の形成が大切である。

## 5 「技術現実主義」的アプローチとは

○担い手だけでは解決しない

　技術は自己組織化の産物であり、強い自己なしにはありえないと述べました。しかし、同時に、技術は自然法則を無視して成り立つものではありません。役に立つよい技術とは、物質やエネルギーの「収支」（出入りの勘定）がプラスになるよう、また、環境への汚染物質の収支に基づいて負荷が許容範囲になるようよく設計された創造的な産物です。さらに、出入りの収支だけでなく、作業の速度、安定性、負荷変動への追従性などの各要素が、われわれの生活空間の許容範囲に入るように設計されています。「担い手」には、このような技術の側面に十分な関心を持ち、資源の循環利用や地産の資源の利用を重視し、ごみやバイオマスの資源的な性質をよく考え、地域のインフラ（既存施設や産業構造）を積極的に活用しようという立場に立って、工夫する心を持ち、より地域合理性のあるシステムのありようを見抜いていくことが求められます。

○技術現実主義の視点

　そのような立場を、わたしはあえて「技術現実主義」と呼びたいと思います。技術現実主義は、社会の長いものに巻かれるという意味での「社会現実主義？」や、現在の価格水準に基づく経済性のみを基準とした「経済現実主義？」ではありません。また、技術の無限の可能性や理想技術に賭ける「技術ロマン主義」でもありません。地域レベルでの社会的技術システムの社会的機能や経済性にかかわる問題を、技術的なフローのレベルにまでさかのぼって解明したうえで、資源の有効利用を図り、安全性が確保され、設備コストや運転経費の面で無理がなく、しかも地域において新たな経済的社会的効果を発揮するような現実的技術システムが実現可能かどうかを大胆に考えていく必要があります。メーカー、ゼネコン、コンサル等々、それぞれの持

分においてなくてはならない社会的な集団です。かれらに、本当によい仕事をしてもらうためには、発注者側である地域の主体の技術的力量が問われます。守備範囲とする商品や技術の専門家である企業技術者でさえ、時としてトレンドを見誤ったり、無謀な技術に手を出したりしてしまうことがあります。地域の主体が新しい仕組みづくりを進めていくためには、技術の内容についても現実的で地域の未来を託すことのできる方向性を絶えず研究していかなければならないのです。しかもいま、パラダイムは大きく変わらなければならないのです。そのような状態を作り出すためには、地域だけでなく大学や研究機関など専門家集団の姿勢も変わらなければならないといえます。

## 6　技術現実主義的な再生可能エネルギー論の試み

○エネルギー収支

「再生可能エネルギー」が、そのままで「地域再生エネルギー」であればいいのですが、そう簡単ではありません。わたしたちのまわりには、太陽光があふれていますが、それを人間が使えるエネルギーの形にするには太陽電池システムなどが必要です。太陽電池システムはわが国が力を入れて開発してきた技術ですが、なおコスト高です。仮にコストが安くても、それで得られるエネルギーがそれを作るのに要したエネルギーを大きく上回るのでなければ意味がありません。太陽電池がそれに投入したエネルギーを回収するには約15年が必要だといわれています。太陽電池システムを使う人はそのことを念頭に入れていなければならないでしょう。

○低コスト性

マイクロ水力はおおきなポテンシャルを持っており、全国的に機運が高まりつつあります。しかし、マイクロと呼ぶにふさわしい1 kWクラスの発電システムを数十万円で作ろうとすると、十分低コストの発電システムが市販されていないことに気づきます。河川の水利権にまつわる手続きの困難さも

残されており、さらなる規制緩和が必要です。

　わが国におけるバイオマスエネルギー変換設備のコストは国際競争がなかったためかまだ極めて高価な水準で推移しているのが実情です。2004年新エネルギー産業ビジョン研究会は報告書を出版し、わが国のメタン発酵施設や、サーマル変換施設の価格が欧米の実施例に比べて数倍になっており、コストダウンの努力の重要性を指摘しました。今後は、kW当たりの設備コストは20－30万円/kWを目標に、欧米並みにしていくことが求められます。そのためには、50kW-100kW台の分散型発電設備は、トラックや建設機械並みの流通システムを実現して販売台数をかせぎ、従来の大型プラントとは異なるビジネスモデルを展開する必要があります。そのような考えにシフトできないのがプラントメーカの多くの実情であり、今後新たなプレイヤーの参入が必要になります。

　〇経済の「足」
　バイオマスには、ゴミや畜産糞尿から木質チップまで、いろいろな種類があります。バイオマスからエネルギーを得るためには、直接燃焼したり、燃料に変換して貯蔵し、あとから燃したりして、熱に変換し、エンジンやタービンを動かして動力や電力を得ます。バイオマスの弱点はその収集運搬コストにあるといわれています。再生「不」可能エネルギー（石油・石炭）の場合には数十万キロから百万キロといった集中的な大規模発電所が常識的です。地層の構造のおかげで長い時間をかけて自然に一箇所に集められて燃料化してきた石油の場合には、能率的に採取ができ、大規模輸送して地域にまで分配することができます。重力に従って集まる傾向のある水力や、地形による遮蔽効果が集積効果に転じる風力には、自然の集積力があります。水の足は重力であり、風の足は浮力と地形の障壁力などだともいえます。しかし、バイオマスにはそういった自然の集積力あるいは自分が持っている「足」はありません。バイオマスに集積力があるとすれば、木材の場合のように、建築材料や家具製造用の集積であり、それに伴って発生する製材残渣や建築廃材

などがエネルギー使用に好適な集積力のあるバイオマスとなります。「木質・農業系バイオマスの足は経済」と言い換えることもできるでしょう。現在の石炭の価格は重量あたりで4円／kg(石炭；おおむね安定)であり、発熱量ベースで燃料価格を設定するとすると、材料としての木材価格の25円（杉）-75円（桧）／kgにはかなわないのです。そういった経済が伴わないバイオマスの場合には、かえって収集や輸送のために労働力やエネルギーを使いすぎ不経済になります。間伐材の利用をもっと進めようという議論がありますが、単純なエネルギー利用のシナリオでは経済は動かず、本格的なバイオマス利用も進まないことになります。木を使う文化の復興がいかに大切かがわかっていただけるでしょうか。

　バイオマスの多くは「廃棄物」という「顔」を持ちます。大半のバイオマスは廃棄物系であり、そのエネルギーの有効利用で処理費を低減することが期待されています。負の経済効果の低減があれば、それは経済的な動機になります。その意味で、山で間伐を待っているような未利用のバイオマスに比べると、廃棄物系バイオマスにはそれなりの「足」があることになります。

　○ドライとウエット

しかし、廃棄物系バイオマスには、汚泥や食品残渣などのように水分が固形分に比べて圧倒的に多いウエット系のバイオマスと建設廃材や稲わらのような農業系の残渣のように水分が固形分より少ないか同程度のドライなものに分かれます（**参考表1参照**）。ウエットな廃棄物を熱プロセスで処理しようとすると、水分の蒸発に要する熱の回収が困難なため、合理的・現実的なエネルギー回収型のプロセスはできません。いっぽう、ドライな木質系やバイオプラスチックスをメタン発酵するような取り組みもありますが、熱プロセスで質のよいエネルギーに変換できるこれらのものをわざわざ水分の多いごみと混ぜて発酵させるのは現実的ではないと思われます。ドライなものは燃焼して発電や温水製造にまわし、ウエットなものはまとめて発酵プロセスで扱い、生成するガスを浮上させて分離するのが得策です。とはいえ、発酵プロ

セスからも残渣は出ます。また臭気もあります。残渣や臭気の処理のためには燃焼プロセスの近くに発酵プロセスを置くのが好都合です。さらに、諸外国で行っているように、ウエットな廃棄物を下水道に流すことができれば、石油で走るパッカー車を用いなくても下水道がもつ勾配で自然に廃棄物を集めることができます。もちろん、それには、下水道が分流式であることなど、必要な境界条件がありますが、これまでのわが国では、下水道は国交省、廃棄物は環境省という仕切りがあり、技術合理主義的なアプローチは容易に実現しませんでした。この条件は最近大きく緩和されはじめており、前向きの工夫が期待されます。

### 参考表1　各種バイオマス発生量の試算（太数字：木質系）

| ドライ系バイオマス | 究極発生量（kt(dry)/y） | |
|---|---|---|
| **木質系** | | |
| 　林地残材 | **2500** | (a、1998年度現在；**1967年水準なら6500 kt(dry)/y**) |
| 　間伐材 | **4900** | (b、主伐期40年とし将来67年水準の生産を行うとして間伐量を算出し、現在の材需要分を除外) |
| 　製材廃材 | **8700** | ((2000年の丸太製材量+国内増産分)×廃材発生源単位×密度－2000年における材利用分) |
| 　廃木材・古紙 | **33000** | (国内丸太生産量＋丸太輸入量＋チップ輸入量)×歩留まり＋製材品輸入量（国産材増産時）＋パルプ輸入量(現在の)＋その他国内・輸入木材) |
| **農業残渣** | | |
| 　稲わら | 8205 | (c、1995-6現在：10940kt/yに水分25%を仮定) |
| 　もみ殻・麦藁 | 17955 | (c、1995-6現在：23940kt/yに水分25%を仮定) |
| 　その他（バガス） | 670 | (d) |
| 　小計 | 75930（乾量） | うち木質系＝**49100 kt(dry)/y** |

| ウエット系バイオマス | 究極発生量（湿量）(kt/y) | （乾量）(kt(dry)/y) | （厨芥・汚泥の固形分＝各25.8%、2%を仮定） |
|---|---|---|---|
| 農業残渣（家畜糞尿） | 93706 | 1874 | (e、1997現在) |
| 水産残渣 | 83 | 21 | (c、1995-6現在) |
| 都市廃棄物 | | | |
| 　厨芥（家庭） | 20280 | 5232 | (c、1995-6現在) |
| 　厨芥（ホテル・流通） | 4810 | 1241 | (c、1995-6現在) |
| 　食品廃棄物 | 3132 | 808 | (e、1997現在) |
| 　食品産業排水 | 12820 | 256 | (e、1997現在) |
| 　下水汚泥 | 70470 | 1409 | (e、1997現在) |
| 　し尿 | 33540 | 671 | (c、1995-6現在) |
| 小計 | 238841（湿量） | 11512（乾量） | |

a林野庁データ、b青柳ら(2002)、c生物系廃棄物リサイクル研究会(1999)、d山地ら(2000)、e産業廃棄物排出・処理状況調査

＊　堀尾、森林バイオマスエネルギー利用のポテンシャルについて、ケミカルエンジニヤリング、pp.19-26（2003）

○燃焼への態度

廃棄物の焼却というとすぐに話題になるのがダイオキシン問題です。ダイオキシンは塩素含有物が多く含まれるほど、また、銅などのオキシクロリネーション（酸化と塩素化を自由に行う）触媒が含まれるほど、容易に発生します。これらを含有しないドライな物質であれば、廃棄物であっても優良な「燃料」であるといっていいのです。家庭の生ごみは、塩素と水分のどちらも含む廃棄物です。上下水道管や、家具のカバー、ハンドバッグ、サランラップにつかわれている塩ビ（ポリ塩化ビニール、ポリ塩化ビニリデン）は、ドライではあっても、塩素を重量基準で51.9％も含む物質ですから燃焼すべきではありません。塩ビは、分別しにくいフィルム状のものには使用しないこととし、分別後特別な処理を行うべきですが、塩ビの分別が行われれば、その他のプラスチックは優良な燃料になります。さらにエネルギーを投入してマテリアルリサイクルしたり、焼却や埋め立てをしたりするのではなく、燃焼して発電などに供し石油や石炭の代替を行うことが最も効果的となります。その場合、新たな小規模の施設をつくるのではなく、近くの火力発電所やセメント工場などで利用するのも効果的です。

○現実的かつイノベーティブなエネルギー回収シナリオ

以上の理解に基づいて、ウェット系とドライ系で分別を行い、塩ビ系を除外できたとすると、現在ほとんど利用できていない廃棄物から現在の30倍に近い電力をとりだすことができます（**参考図4参照**）。もちろんこれは、潜在力であり、廃棄物処理施設の長期計画をその方向に向けることにより、20-30年かけてはじめて実現できるものです。

○RDFをどう考えるか

ここで簡単にRDF（Refuse Derived Fuel・ごみ固形燃料）コンセプトとの関係に触れておきます。これまでのRDFは、水分が高くて塩素が高い一般ゴミを

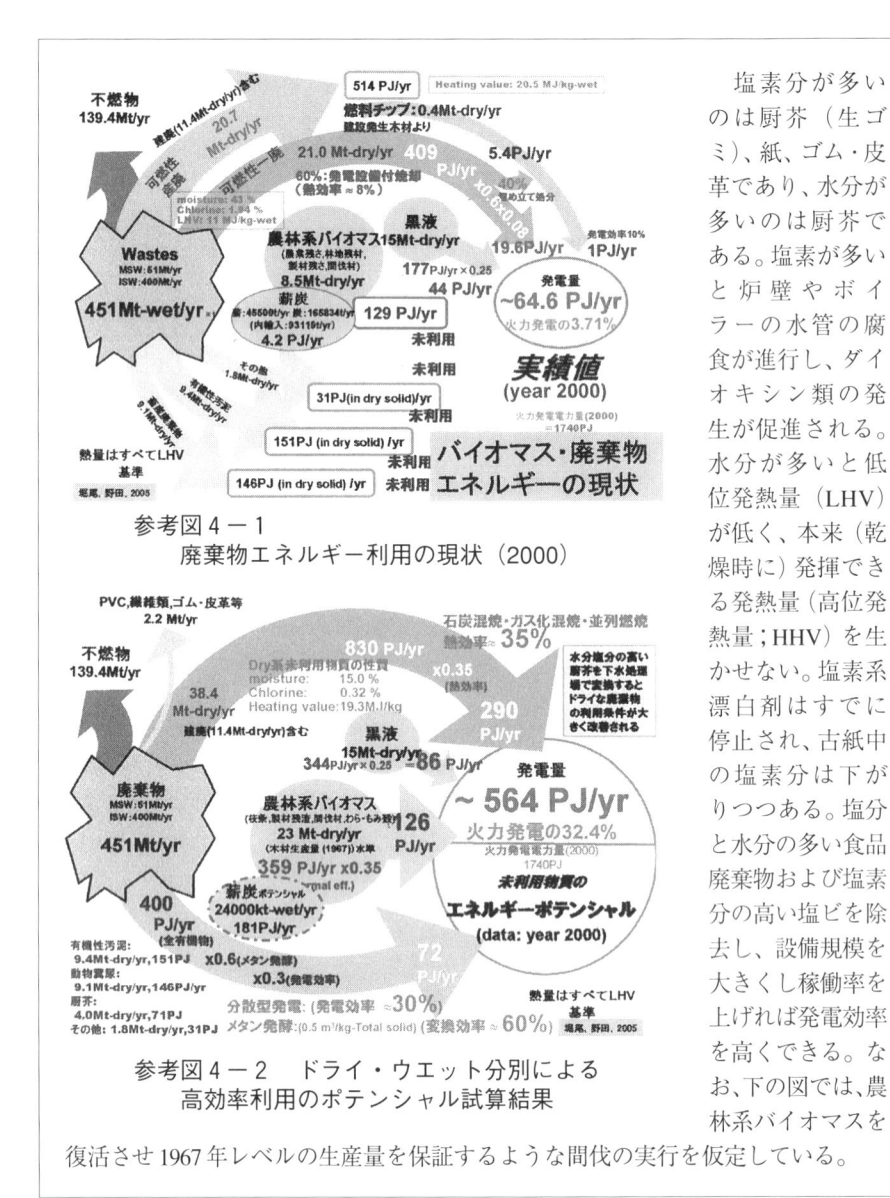

参考図4－1　廃棄物エネルギー利用の現状（2000）

参考図4－2　ドライ・ウエット分別による高効率利用のポテンシャル試算結果

塩素分が多いのは厨芥（生ゴミ）、紙、ゴム・皮革であり、水分が多いのは厨芥である。塩素が多いと炉壁やボイラーの水管の腐食が進行し、ダイオキシン類の発生が促進される。水分が多いと低位発熱量（LHV）が低く、本来（乾燥時に）発揮できる発熱量（高位発熱量；HHV）を生かせない。塩素系漂白剤はすでに停止され、古紙中の塩素分は下がりつつある。塩分と水分の多い食品廃棄物および塩素分の高い塩ビを除去し、設備規模を大きくし稼働率を上げれば発電効率を高くできる。なお、下の図では、農林系バイオマスを復活させ1967年レベルの生産量を保証するような間伐の実行を仮定している。

＊　堀尾、野田、バイオマス・「廃棄物」エネルギーシステムのロードマップ、「骨太のエネルギーロードマップ」、化学工学会エネルギー部会編、化学工業社、pp.246-274（2005）

前提とし、カルシウムを加えて中和し、ペレット状にして乾燥していました。このようにしても、塩素は除去されておらず、塩化カルシウムを含む融点の低い灰が伝熱管等に付着するため腐食対策としてはなお不完全であり、高効率発電向きにはなりきっていないのが実情でした。さらに、乾燥の度合いを高めたため、揮発分の存在により、自然着火が起こりえ、長期の貯蔵には適していないのです。通常の固体燃料であれば水散布で冷却できるものの、ペレット状RDFの場合には水を吸収して高温になる生石灰（CaO）を多量に含むため、水散布が逆効果になり発火の原因にさえなるという難点を抱えていたのです。三重県での悲惨な出来事はこれらペレット状RDFの負の特徴が組み合わさって発生したといえます。

ペレット状にしないフラフというRDFがASTMの規格にはあります（f-RDF：都市ごみを微粉砕し、金属、ガラス、その他の無機物を除去した燃料；95重量％が50ミリの正方形メッシュを通過できるサイズ）。水分・塩分が低い紙やプラスチックをフラフにすれば、循環流動層ボイラーなどの大型発電設備で燃焼し35％ぐらいの発電効率で電気にすることができます。RDFのコンセプトはペレット化といった形状のコンセプトではなく、燃料として流通するものを作り出すことにあります。従来のRDFはその意味での徹底性がまだ不十分でした。RDFに人々が抱いた期待を大切にし、エネルギー効率と技術現実性のあるシステムを作り上げていく必要があります。

○塩ビ問題を食塩の収支から考えよう

最後に塩ビの問題に移りましょう。塩ビはエチレンと塩素から作ります。その塩素は、海水から取りだした食塩（NaCl）をNaとClに電気分解する方法でつくられるのです。ナトリウムは化学工業や化成品に欠かせない原料です。もともとは、ナトリウムがほしく、副生するのが塩素でした。ナトリウムイオンは最終的には薄い濃度のアルカリ溶液となり、中和されて排水の中に消えていきます。このほかに、食塩と炭酸水素アンモニウムを使って塩化アンモニウムと炭酸ソーダ（$Na_2CO_3$）をつくるソーダ灰工業が動いています。

ソーダ灰はガラスの原料にも用いられます。その結果、分けられたNaとClの大きな部分が**参考図5**の一番右にあるように廃塩ビ・廃ガラスとして埋め立てられています。昔夫婦だった二人が無理やり分けられたあと、処分場で隣同士眠っているともいえます。これからもこのやり方を続けるなら、全体収支を忘れたまま無限に埋め立てを続けることになります。私の研究室ではいま、廃塩ビを熱分解し、発生した塩化水素をガラス中のナトリウムで中和するという、分かれた二人を一緒にする方法を検討中です。

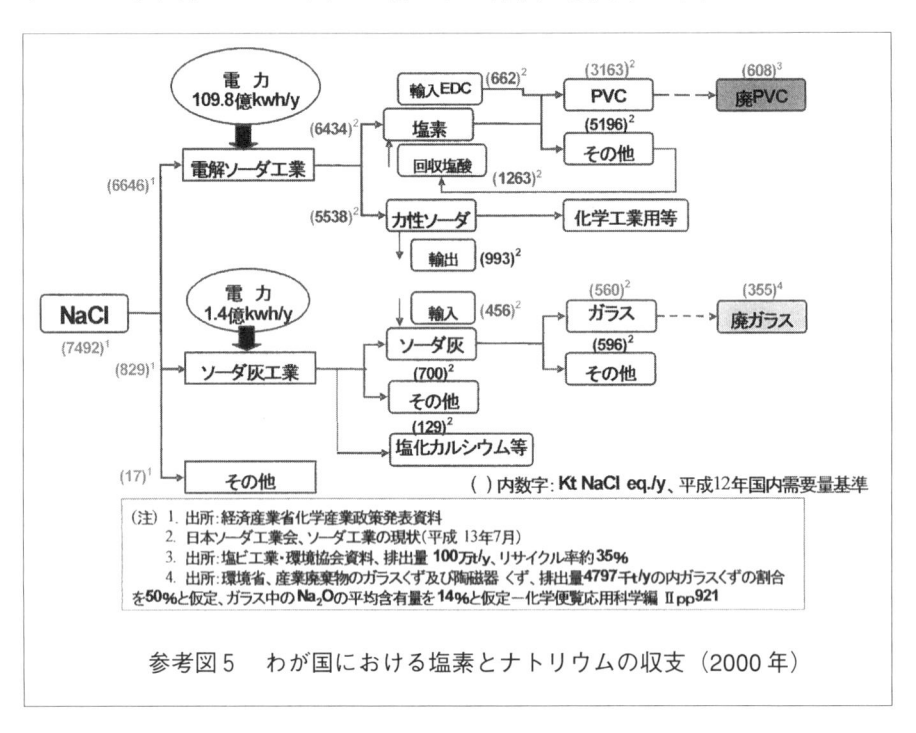

参考図5　わが国における塩素とナトリウムの収支（2000年）

## 7　発想の転換を

○壁の克服と右脳と左脳の連携

以上述べてきたように、いま、再生可能エネルギーに向け、習慣や、制度

の大きな転換を図ることが求められています。たくさんの壁の克服ともいいかえられるでしょう。そういった壁の中には次のような7つがあると思います：

1）省庁の壁（関連する事項を共同で解決できないセクショナリズム）、
2）技術ロマン主義の壁（技術進歩への偏った期待に基づいて、実現性をクールに吟味せずに特定技術への投資や開発を行い、技術リスクを考慮した総合的施策展開しない）、
3）石油漬けの思考の壁（過去3－40年間の石油付けの生活に馴れすぎ、それ以外のシステムへのイメージ力の不足）、
4）大型技術志向の企業の壁（メーカーおよび行政において、箱もの的大型技術のみが常識化し、自動車・家電のような一般人が動かす分散型技術や設備へのイメージ力の不足）、
5）公共事業の壁（住民不在の場での計画策定、議会決定後の住民説明、利便性の視点からのみ計画など、住民不在・事業自体の自己目的化・硬直化）、
6）コミュニティ力の壁（住民側における行政頼み、行政のあげあし取り、自らの地域システム構築にむけた行動力の不足）、
7）専門バカの壁（専門の範囲から脱却できない専門家・学識者、総合的視野に立った学術活動の不足）

これらはみな左脳的な壁ともいえるかもしれません。いまや、本当にいいものを見抜き、ビジネス像を描き、人々の心をつかんで、変革の方向を強く訴える右脳的文化的な力と、それに基づいて、少しずつしかし着実に、現実のビジネスにむけて企画し展開する左脳的な文明革新力が求められているといえるかもしれません。

○バイオマス文化あってのバイオマス文明

木質バイオマスの利用には、まず建築や家具用の材として使い、50年-数百年後に廃棄後燃料とするといった、きわめて息の長い利用が求められます。わたしたち人類は、アフリカのジャングルから出てきた生物であり、木の文

化は深くわれわれのDNAに刻まれているといった感じがします。一万年にわたる縄文という木の文化を経た日本人は、弥生以降も、木の文化を守りながら生活してきました。近代の洗礼を経たあとのわれわれは、新しい、しかし持続的な生存力を生み出す21世紀的な木の文化を作り、その上に木の文明を打ち立てていくべきではないかと思うのです。東京工業高等専門学校（いまの東工大）を卒業し、京都に居を構えて、浜田庄司らとともに現代日本の焼き物の世界の中で冒険的な美を開拓しつづけた河合寛次郎（1890-1966）は、木づかいの面でも天才でした。寛次郎の作り出す現代的・古典的・冒険的な木質空間の写真を最後に紹介して、この小論を終わります。

参考図6
京都の河合寛次郎記念館（旧宅）の内部

臼を改造しキャスターをつけたいすや便利で不思議な木の置物がいたるところにある。

「地域ガバナンスシステム・シリーズ」発行にあたって

　日本は明治維新以来百余年にわたり、西欧文明の導入による近代化を目指して国家形成を進めてきました。しかし今日、近代化の強力な推進装置であった中央集権体制と官僚機構はその歴史的使命を終え、日本は新たな歴史の段階に入りつつあります。

　時あたかも、国と地方自治体との間の補完性を明確にし、地域社会の自己決定と自律を基礎とする地方分権一括法が世紀の変わり目の二〇〇〇年に施行されて、中央集権と官主導に代わって分権と官民協働が日本社会の基本構造になるべきことが明示されました。日本は今、新たな国家像に基づく社会の根本的な構造改革を進める時代に入ったのです。

　しかしながら、百年余にわたって強力なシステムとして存在してきたガバメント（政府）に依存した社会運営を、主権者である市民と政府と企業との協働を基礎とするガバナンス（協治）による社会運営に転換させることは容易に達成できることではありません。特に国の一元的支配と行政主導の地域づくりによって二重に官依存を深めてきた地域社会においては、各部門の閉鎖性を解きほぐし協働型の地域社会システムを主体的に創造し支える地域公共人材の育成や地域社会に根ざした政策形成のための、新たなシステムの構築が決定的に遅れていることに私たちは深い危惧を抱いています。

　本ブックレット・シリーズは、ガバナンス（協治）を基本とする参加・分権型地域社会の創出に寄与し得る制度を理念ならびに実践の両面から探求し確立するために、地域社会に関心を持つ幅広い読者に向けて、様々な関連情報を発信する場を提供することを目的として刊行するものです。

二〇〇五年三月

龍谷大学　地域人材・公共政策開発システム
オープン・リサーチ・センターセンター長　　富野　暉一郎

地域ガバナンスシステム・シリーズ　No．3
三重県政策開発研修センター第6回トレンドセミナー記録
## 暮らしに根ざした心地良いまち

2005年11月15日　初版　　定価（本体1,100円+税）

|  |  |
|---|---|
| 企画・編集 | 龍谷大学地域人材・公共政策開発システム<br>オープン・リサーチ・センター（LORC）<br>http://lorc.ryukoku.ac.jp<br>東京農工大学COE―新エネルギー・物質代謝と<br>「生存科学」の構築 |
| 発　行　人 | 武内　英晴 |
| 発　行　所 | 公人の友社<br>〒112-0002　東京都文京区小石川5－26－8<br>ＴＥＬ 03-3811-5701<br>ＦＡＸ 03-3811-5795<br>Ｅメール koujin@alpha.ocn.ne.jp<br>http://www.e-asu.com/koujin/ |

No.16 議会と議員立法
上田章・五十嵐敬喜 1,600円

No.17 分権段階の自治体と政策法務
松下圭一他 1,456円

No.18 地方分権と補助金改革
高寄昇三 1,200円

No.19 分権化時代の広域行政
山梨学院大学行政研究センター 1,200円

No.20 あなたのまちの学級編成と地方分権
田嶋義介 1,200円

No.21 自治体も倒産する
加藤良重 1,000円

No.22 ボランティア活動の進展と自治体の役割
山梨学院大学行政研究センター 1,200円

No.23 新版・2時間で学べる[介護保険]
加藤良重 800円

No.24 男女平等社会の実現と自治体の役割
山梨学院大学行政研究センター 1,200円

No.25 市民がつくる東京の環境・公害条例
市民案をつくる会 1,200円

No.26 東京都の「外形標準課税」はなぜ正当なのか
青木宗明・神田誠司 1,000円

No.27 少子高齢化社会における福祉のあり方
山梨学院大学行政研究センター 1,200円

No.28 財政再建団体
橋本行史 1,000円

No.29 交付税の解体と再編成
高寄昇三 1,000円

No.30 町村議会の活性化
山梨学院大学行政研究センター 1,200円

No.31 地方分権と法定外税
外川伸一 800円

No.32 東京都銀行税判決と課税自主権
高寄昇三 1,000円

No.33 都市型社会と防衛論争
松下圭一 900円

No.34 中心市街地の活性化に向けて
山梨学院大学行政研究センター 1,200円

No.35 自治体企業会計導入の戦略
高寄昇三 1,100円

No.36 行政基本条例の理論と実際
神原勝・佐藤克廣・辻道雅宣 1,100円

No.37 市民文化と自治体文化戦略
松下圭一 800円

No.38 まちづくりの新たな潮流
山梨学院大学行政研究センター 1,200円

No.39 ディスカッション・三重の改革
中村征之・大森彌 1,200円

No.40 政務調査費
宮沢昭夫 800円

朝日カルチャーセンター
地方自治講座ブックレット

No.1 自治体経営と政策評価
山本清 1,000円

政策・法務基礎シリーズ
――東京都市町村職員研修所編

No.2 ガバメント・ガバナンスと行政評価システム
星野芳昭 1,000円

No.4 政策法務は地方自治の柱づくり
辻山幸宣 1,000円

No.5 政策法務がゆく
北村喜宣 1,000円

No.1 これだけは知っておきたい自治立法の基礎
600円

No.2 これだけは知っておきたい政策法務の基礎
800円

《平成13年度》

No.73 地域民主主義の活性化と自治体改革
山口二郎 600円

No.74 分権は市民への権限委譲
上原公子 1,000円

No.75 今、なぜ合併か
瀬戸亀男 800円

No.76 市町村合併をめぐる状況分析
小西砂千夫 800円

No.78 ポスト公共事業社会と自治体政策
五十嵐敬喜 800円

No.80 自治体人事政策の改革
森啓 800円

《平成14年度》

No.82 地域通貨と地域自治
西部忠 900円

No.83 北海道経済の戦略と戦術
宮脇淳 800円

No.84 地域おこしを考える視点
矢作弘 700円

No.87 北海道行政基本条例論
神原勝 1,100円

No.90 「協働」の思想と体制
森啓 800円

No.91 協働のまちづくり
～三鷹市の様々な取組みから
秋元政三 700円

《平成15年度》

No.92 シビル・ミニマム再考
ベンチマークとマニフェスト
松下圭一 900円

No.93 市町村合併の財政論
高木健二 800円

No.95 市町村行政改革の方向性
～ガバナンスとNPMのあいだ
佐藤克廣 800円

No.96 創造都市と日本社会の再生
佐々木雅幸 800円

No.97 地方政治の活性化と地域政策
山口二郎 800円

No.98 多治見市の政策策定と政策実行
西寺雅也 800円

No.99 自治体の政策形成力
森啓 700円

《平成16年度》

No.100 自治体再構築の市民戦略
松下圭一 900円

No.101 維持可能な社会と自治
～『公害』から『地球環境』へ
宮本憲一 900円

No.102 道州制の論点と北海道
佐藤克廣 1,000円

No.103 自治体基本条例の理論と方法
神原勝 1,100円

No.104 働き方で地域を変える
～フィンランド福祉国家の取り組み
山田眞知子 800円

「地方自治ジャーナル」ブックレット

No.3 使い捨ての熱帯林
熱帯雨林保護法律家リーグ 971円

No.4 自治体職員世直し志士論
村瀬誠 971円

No.5 行政と企業は文化支援で何ができるか
日本文化行政研究会 1,166円

No.7 パブリックアート入門
竹田直樹 1,166円

No.8 市民的公共と自治
今井照 1,166円

No.9 ボランティアを始める前に
佐野章二 777円

No.10 自治体職員の能力
自治体職員能力研究会 971円

No.11 パブリックアートは幸せか
山岡義典 1,166円

No.12 市民がになう自治体公務
パートタイム公務員論研究会 1,359円

No.13 行政改革を考える
山梨学院大学行政研究センター 1,166円

No.14 上流文化圏からの挑戦
山梨学院大学行政研究センター 1,166円

No.15 市民自治と直接民主制
高寄昇三 951円

No.31 地域の産業をどう育てるか
金井一頼 600円

No.32 金融改革と地方自治体
宮脇淳 600円

No.33 ローカルデモクラシーの統治能力
山口二郎 400円

No.35 ʼ98サマーセミナーから「変革の時」の自治を考える
神原昭子・磯田憲一・大和田建太郎 600円

No.36 地方自治のシステム改革
辻山幸宣 400円

No.39 市民的自治思想の基礎
今井弘道 500円

No.40 自治基本条例への展望
辻道雅宣 500円

No.41 少子高齢社会と自治体の福祉法務
加藤良重 400円

《平成11年度》

No.42 改革の主体は現場にあり
山田孝夫 900円

No.43 自治と分権の政治学
鳴海正泰 1,100円

No.44 公共政策と住民参加
宮本憲一 1,100円

No.45 農業を基軸としたまちづくり
小林康雄 800円

No.46 これからの北海道農業とまちづくり
篠田久雄 800円

No.47 自治の中に自治を求めて
佐藤守 1,000円

No.48 介護保険は何を変えるのか
池田省三 1,100円

No.49 介護保険と広域連合
大西幸雄 1,000円

No.50 自治体職員の政策水準
森啓 1,100円

No.51 分権型社会と条例づくり
篠原一 1,000円

No.52 自治体における政策評価の課題
佐藤克廣 1,000円

No.53 小さな町の議員と自治体
室崎正之 900円

No.54 自治を実現するために法が果たすべきこと
木佐茂男 [未刊]

No.55 改正地方自治法とアカウンタビリティ
鈴木庸夫 1,200円

No.56 財政運営と公会計制度
宮脇淳 1,100円

No.57 自治体職員の意識改革を如何にして進めるか
林嘉男 1,000円

《平成12年度》

No.59 環境自治体とISO
畠山武道 700円

No.60 転型期自治体の発想と手法
松下圭一 900円

No.61 分権の可能性 スコットランドと北海道
山口二郎 600円

No.62 機能重視型政策の分析過程と財務情報
宮脇淳 800円

No.63 自治体の広域連携
佐藤克廣 900円

No.64 分権時代における地域経営
見野全 700円

No.65 町村合併は住民自治の区域の変更である。
森啓 800円

No.66 自治体学のすすめ
田村明 900円

No.67 市民・行政・議会のパートナーシップを目指して
松山哲男 700円

No.69 新地方自治法と自治体の自立
井川博 900円

No.70 分権型社会の地方財政
神野直彦 1,000円

No.71 自然と共生した町づくり 宮崎県・綾町
森山喜代香 700円

No.72 情報共有と自治体改革 ニセコ町からの報告
片山健也 1,000円

# 公人の友社のブックレット一覧

(05.10.31 現在)

## 地域ガバナンスシステム・シリーズ

(龍谷大学地域人材・公共政策開発システム　オープン・リサーチ・センター企画)

No.1 地域人材を育てる自治体研修改革
土山希美枝　900円

No.2 公共政策教育と認証評価システム—日米の現状と課題—
坂本勝　編著　1,100円

No.3 暮らしに根ざした心地良いまち
野呂昭彦／逢坂誠二／関原剛／吉本哲郎／白石克孝／堀尾正靱　1,100円

No.4 ローカル・コンパクト(地域協約)とは何か？（仮）
[刊行予定]

## TAJIMI CITY ブックレット

No.2 転型期の自治体計画づくり
松下圭一　1,000円

No.3 これからの行政活動と財政
西尾勝　1,000円

No.4 構造改革時代の手続的公正と第2次分権改革
手続的公正の心理学から
鈴木庸夫　1,000円

No.5 自治基本条例はなぜ必要か
辻山幸宣　1,000円

No.6 自治のかたち法務のすがた
政策法務の構造と考え方
天野巡一　1,100円

No.7 自治体再構築における
行政組織と職員の将来像
今井照　1,100円

## 「地方自治土曜講座」ブックレット

No.5 英国における地域戦略パートナーシップへの挑戦（仮）
[刊行予定]

No.8 持続可能な地域社会のデザイン
植田和弘　1,000円

《平成7年度》

No.1 現代自治の条件と課題
神原勝　900円

No.2 自治体の政策研究
森啓　600円

No.5 成熟型社会の地方自治像
間島正秀　500円

《平成8年度》

No.9 まちづくり・国づくり
五十嵐広三・西尾六七　500円

No.10 自治体デモクラシーと政策形成
山口二郎　500円

No.12 池田サマーセミナーから
間島正秀・福士明・田口晃　500円

《平成9年度》

No.14 まちづくりの現場から
斎藤外一・宮嶋望　500円

No.17 市民自治の制度開発
神原勝　500円

No.18 行政の文化化
森啓　600円

No.21 分権時代の自治体経営
北良治・佐藤克廣・大久保尚孝　600円

No.22 地方分権推進委員会勧告とこれからの地方自治
西尾勝　500円

No.25 自治体の施策原価と事業別予算
小口進一　600円

《平成10年度》

No.28 議会改革とまちづくり
森啓　400円

No.30 内発的発展による地域産業の振興
保母武彦　600円